Visões da cidade
AS FORMAS DO MUNDO ESPACIAL

Dados Internacionais de Catalogação na Publicação (CIP)
(Jeane Passos Santana – CRB 8ª/6189)

Perulli, Paolo.
   Visões da cidade : as formas do mundo espacial / Paolo Perulli; tradução Valéria Pereira da Silva. – São Paulo : Editora Senac São Paulo, 2012.

   Título original: Visioni di città: le forme del mondo spaziale.
   Bibliografia.
   ISBN 978-85-396-0248-3

   1. Sociologia 2. Cidade e vilas I. Título.

12-022s   CDD-307.76

Índice para catálogo sistemático:
1. Cidade e vilas : Sociologia   307.76

PAOLO PERULLI

Visões da cidade
AS FORMAS DO MUNDO ESPACIAL

Editora Senac São Paulo – São Paulo – 2012

ADMINISTRAÇÃO REGIONAL DO SENAC NO ESTADO DE SÃO PAULO
Presidente do Conselho Regional: Abram Szajman
Diretor do Departamento Regional: Luiz Francisco de A. Salgado
Superintendente Universitário e de Desenvolvimento: Luiz Carlos Dourado

EDITORA SENAC SÃO PAULO
Conselho Editorial: Luiz Francisco de A. Salgado
　　　　　　　　　　Luiz Carlos Dourado
　　　　　　　　　　Darcio Sayad Maia
　　　　　　　　　　Lucila Mara Sbrana Sciotti
　　　　　　　　　　Jeane Passos Santana

Gerente/Publisher: Jeane Passos Santana (jpassos@sp.senac.br)
Coordenação Editorial: Márcia Cavalheiro Rodrigues de Almeida (mcavalhe@sp.senac.br)
　　　　　　　　　　　Thaís Carvalho Lisboa (thais.clisboa@sp.senac.br)
Comercial: Jeane Passos Santana (jpassos@sp.senac.br)
Administrativo: Luís Américo Tousi Botelho (luis.tbotelho@sp.senac.br)

Tradução: Valéria Pereira da Silva
Edição e Preparação de Texto: Maísa Kawata
Revisão de Texto: Luciana Lima (coord.), Luiza Elena Luchini, Sandra Brazil, Thiago Blumenthal
Projeto Gráfico, Capa e Editoração Eletrônica: EFB Serviços Editoriais
Foto da Capa: Fotocrisis, ©iStockphoto
Impressão e Acabamento: Intergraf Indústria Gráfica Ltda.

Visioni di città: le forme del mondo spaziale, de Paolo Perulli
© 2009 Giulio Einaudi editore s.p.a, Torino

Proibida a reprodução sem autorização expressa.
Todos os direitos reservados à
Editora Senac São Paulo
Rua Rui Barbosa, 377 – 1º andar – Bela Vista – CEP 01326-010
Caixa Postal 1120 – CEP 01032-970 – São Paulo – SP
Tel. (11) 2187-4450 – Fax (11) 2187-4486
E-mail: editora@sp.senac.br
Home page: http://www.editorasenacsp.com.br

© Editora Senac São Paulo, 2012

Sumário

Nota do editor 7
Introdução 11
Centro 21
Círculo 65
Borda 101
Zona 139
Vazio 175
Rede 211

Nota do editor

A partir do século XX, a cidade perdeu sua forma longamente preparada e construída. Até então, a forma da urbe era bem impressa não só nos tratados de arquitetura, mas na própria mente de seus habitantes. Tratava-se de diretivas e valores que remetiam ao sagrado e que pretendiam espelhar o universo, estabelecendo formas que davam sentido à vida dos habitantes.

Visões da cidade – as formas do mundo espacial mostra a persistência de algumas ideias ou visões que têm representado a forma da cidade e da sociedade urbana ao longo da história. Essas visões, precisamente porque desafiadas pela grande transformação contemporânea, agora parecem recuar daquilo que eram: inalienáveis de nosso senso de civilização.

Em nossa época, caracterizada pelo sentido de fluxo, como continuar a imaginar a cidade como circular, uma ideia tão cara a sociedades de outros séculos? Ou, ainda, até que ponto podemos devolver sentido à ideia de centro, posta em crise em pós-metrópoles dispersas, como Los Angeles, ou na ubiquidade da "aldeia global"?

VISÕES DA CIDADE: AS FORMAS DO MUNDO ESPACIAL

Reconstruindo a complexa história do conceito-chave de cidade, o Senac São Paulo reflete criticamente sobre as teorias e práticas políticas e sociais mais difundidas relacionadas às transformações urbanas em curso.

Estas cidades, com seus fios telegráficos e seus gases vindos do escapamento, com seus ruídos e seu pó, com sua agitação fervilhante, com seu emaranhado de arquiteturas e suas inovações que a cada dez anos transformam completamente sua aparência, são gigantescas oficinas de formas; elas, porém, como cidades, não possuem forma alguma.

E. Jünger, *O operário: poder e gestalt*, 1932.

Introdução

$\mathcal{A}$ cidade produz formas mesmo que não tenha uma forma própria. A frase de Ernst Jünger, que abre este livro, parece ter sido concebida de antemão para descrever tanto a interminável megalópole asiática, como a metrópole norte-americana e a cidade europeia do novo milênio. Foi escrita, no entanto, na época em que a técnica pela técnica se tornou dominante, no momento em que se estabeleceu uma ruptura com toda a história urbana precedente. As cidades perderam a forma que havia sido projetada e construída durante longo tempo e que se estendeu até o século XIX. Forma que estava impressa na mente dos habitantes e não só nos tratados de arquitetura. Seus traços, cujo valor era o de terem sido símbolos do sagrado, explicavam o universo e, além disso, tinham sido projetados e preparados para atribuir sentido à vida dos habitantes.

Este livro pretende mostrar a persistência de algumas ideias ou visões que têm representado as formas das cidades e das sociedades urbanas no decorrer do tempo. Tais visões, justamente por terem sido desafiadas pela grande transformação contemporânea, a globalização, parecem agora deixar de ser o que eram: inalienáveis direções de sentido da nossa civilização.

Minha pesquisa começa justamente onde se conclui o atlas das cidades invisíveis de Ítalo Calvino: "O catálogo das formas é infinito: enquanto houver uma forma que não tenha encontrado a sua cidade, continuarão a nascer novas cidades. Onde as formas esgotam as suas variações e se desfazem, começa o fim das cidades".[1]

O livro reflete criticamente sobre as teorias e principalmente sobre as práticas das transformações urbanas em andamento. Estas se dão por vencidas diante da decomposição da cidade contemporânea, ou então a perseguem, como preconiza a chamada "cidade genérica", uma perspectiva de urbanização destinada a abranger o planeta, na qual se perdem os sentidos tanto da cidade quanto do globo e se concebe o mundo como uma imensa cidade. Isso não é o mesmo que cidade-mundo, cidade global, cidade-redes, que são variadas maneiras de representar as formas de abertura das cidades, de interconexão entre centros, pontos de ligação e locais diversos. Logo, confrontam-se aqui o mundo-cidade, fruto de uma visão totalmente sistêmica e funcional, e a cidade-mundo, um processo histórico e cultural.

Dizer que a densidade populacional molda a morfologia de uma cidade é um típico exemplo de abordagem funcional,[2] enquanto afirmar que as grandes cidades são

---

[1] I. Calvino, *Le città invisibili* (Milão: Mondadori, 1993), p. 140.
[2] Trata-se da principal limitação do – todavia útil – trabalho de J. Verón, *L'urbanizzazione del mondo* (Bolonha: Il Mulino, 2008).

INTRODUÇÃO

locais estratégicos de formação de identidades transnacionais é um exemplo costumeiro de abordagem histórico-cultural.[3]

"A humanidade ainda não mora numa única casa".[4] A globalização ainda não reduziu a enorme variedade do mundo, nem a história chegou ao fim. Ao contrário, é possível reafirmar a natureza distintiva da cidade, a sua capacidade de inovar, de não exaurir as próprias variações, de continuar a produzir formas, de estabelecer relações sociais e atribuir significado cultural aos produtos materiais e imateriais que os homens realizam nela, à pluralidade e à variedade que as formas urbanas podem selecionar e reproduzir.

É significativo o fato de o espaço ter voltado, atualmente, ao centro das atenções das ciências sociais. No passado, elas não demonstraram interesse pela dimensão espacial, refletindo sobre outras abstrações para a integração da sociedade. Hoje em dia, a importância da imaginação geográfica para a sociedade tem aumentado. Os processos espaciais são decisivos para a interpretação da sociedade e de suas especificidades no espaço-tempo global.

Visões da cidade, aqui, significam, pois, visões da sociedade. A palavra "visão" originalmente exprimia a re-

---

[3] Esse é o principal mérito do belo trabalho de S. Sassen, *Una sociologia della globalizzazione* (Turim: Einaudi, 2008).
[4] F. Rosenzweig, *Globus. Per una teoria storico-universale dello spazio* (Milão/Gênova: Marietti, 2007 [1917]), p. 112.

lação com o objeto desejado,[5] relação visual em primeiro lugar. Já *eidos* (a coisa vista) torna-se a forma fechada que faz da figura uma coisa absoluta, excluindo essa relação.[6] Esta pesquisa se move entre essa dupla tensão. "Visão" significa, para nós, ideia de cidade, que não vive mais em formas estabelecidas, e sim em contínua mutação, elaborada nos mapas cognitivos de quem a habita, a atravessa, a experimenta, a vivencia.

No século XX, a forma encontra o seu limite, ou seja, é negada. Bergson foi o primeiro a fazer essa constatação, em *L'évolution créatrice*, publicado em 1907:

> Ora, a vida é uma evolução. Nós concentramos um período desta evolução num aspecto estável que chamamos forma, e quando a mudança torna-se suficientemente relevante para derrotar a feliz inércia de nossa percepção, dizemos que o corpo mudou de forma. Na verdade, porém, o corpo muda de forma a todo o momento. Ou melhor, não existe forma, na medida em que a forma diz respeito ao que é imóvel, enquanto a realidade está em movimento. Apenas é real a mudança contínua de forma.[7]

---

[5] G. Semerano, "Amicizia", em E. Paolillo (org.), *Sentimenti: catalogo ragionato delle umane pulsioni* (Milão: Skira, 2003). O autor lembra que "visão" vem do acádico *imru*, que, por sua vez, é ativado pelo termo grego *ímeros*, que significa "desejo" (*Eros*).
[6] C. Diano, *Forma ed evento* (Veneza: Marsilio, 1993).
[7] H. Bergson, *L'evoluzione creatice* (Milão: Cortina, 2002), p. 247.

INTRODUÇÃO

Somente o *eidos*, a ideia, sintetiza em si a qualidade, a forma e o desenho. É a "vista estável tomada da instabilidade das coisas".

O movimento moderno da arquitetura não conhecia a forma, somente os problemas da construção; a forma não era o objetivo, e sim o resultado. A forma como objetivo é o formalismo, que foi rejeitado.[8] Cidade e casa eram máquinas para morar. Mesmo tendo o funcionalismo contra a forma, G (abreviatura de *Gestaltung*, design) era o nome da revista que reunia os construtivistas europeus do início do século XX acerca da ideia de uma unidade estilística e de representação coletiva, anti-individualista, das artes. A forma como ornamento era rejeitada, mas a investigação sobre a unidade essencial da obra, da integração plena das suas partes (cor, mobiliário, utensílios e também desenho, tecnologia e arquitetura) na função era convicta.

Na segunda metade do século XX, a visão já não bastava à modernidade: era necessária a previsão, o pleno domínio *técnico* do mundo. Previsão é qualquer forma de conhecimento de processos e acontecimentos futuros relacionados à utilização do saber existente. A memória é, nesse sentido, uma função da previsão, que, por sua vez, tem o prognóstico como palavra-chave da modernidade.

---

[8] L. Mies van der Rohe, *apud* T. van Doesburg, *On European Architecture* (Basileia/Berlim/Boston: Birkhäuser Verlag, 1990), p. 57.

A modernidade é obcecada pelo futuro.⁹ Ao futuro fechado, já predeterminado por tradições ou pressupostos, a modernidade contrapõe o futuro aberto, espaço amplamente exposto a uma contingência imprevisível. O futuro, aqui, não é conhecido nem prenunciado, mas criado por meio da ação.

Porém, essa perspectiva "ativista" implica que o passado reconstruído na memória perca qualquer capacidade de orientar o presente. Tal perda levaria a desconsiderar o essencial e, por fim, ainda tornaria o próprio futuro indecifrável e plano, anulando qualquer profundidade temporal. No entanto, mesmo seguindo uma abordagem construtivista, "a construção do futuro permanece condicionada, tanto na concepção como na ação, pelas experiências do passado e pela percepção do presente".¹⁰ Seria útil introduzir ao lado da "memória coletiva" uma "expectativa coletiva".

Essas ideias encontram um campo de aplicação extremamente importante na cidade.

A cidade é, mais do que qualquer outra coisa, "um sistema de organização conectado em rede, em que cada parte influencia o conjunto, ou melhor, um sistema de organização dinâmica em rede que se modifica no espaço e no tempo".¹¹ É essa, pois, a forma que a cidade está assu-

---

[9] N. Pethes & J. Ruchatz, *Dizionario della memoria e del ricordo* (Milão: B. Mondadori, 2002).
[10] N. Rosa, *Futuro*, em N. Pethes & J. Ruchatz, *Dizionario della memoria e del ricordo*, cit.
[11] F. Cramer, *Caos e ordine* (Turim: Bollati Boringhieri, 1999), p. 53.

INTRODUÇÃO

mindo: uma ordem provisória em constante movimento caótico. E também um tecido de relações em equilíbrio sempre precário, criação de ordens espontâneas em perene adaptação, sociabilidade consciente que se mescla a um substrato quase biológico.

Os muitos significados da cidade refletem-se, em nossa pesquisa, nos muitos significados do mundo. O mundo é ao mesmo tempo o *mundus* originário da fundação da cidade, o cosmos ordenado, a sociedade terrena (o mundo contraposto ao mundo dos céus), o lugar que confere sentido à nossa existência, e o globo indiferente e isomorfo, a pura aglomeração.

O mesmo acontece nos significados do espaço, definido pela fronteira: espaço a ser construído, espaço vazio a ser preenchido, "sede" a ser ocupada, espaço aberto à criação, e, atualmente, também espaço virtual.

Grande parte de nossa visão do passado, e, por conseguinte, do futuro, está inscrita na cidade. Simone Weil escreveu em *Venise sauvée*, em 1940, que a "cidade não evoca o social. As raízes são algo bem diferente do social. Uma cidade [...], mas esta não é o social, é um ambiente humano do qual não se tem maior consciência que do ar que se respira. Um contato com a natureza, o passado, a tradição, uma *metaxy*", que significa "intermediário", "ponte entre mundos diversos".

A sociologia, principalmente com Georg Simmel, investiga a natureza *formal* dessa relação.[12] "A unidade de

---

[12] G. Simmel, "Excursus sul problema: come è possibile la società?", em G. Simmel, *Sociologia* (Milão: Edizioni di Comunità, 1989 [1908]), p. 28ss.

um homem com o outro, implícita no compreender, no amor, na obra comum" – é fundadora da associação e, portanto, da sociedade. Essa relação eu-tu, a sua associação, não encontra qualquer analogia com o que Simmel define como *mundo espacial*, "onde cada ser ocupa seu lugar, que não pode ser dividido com mais ninguém". Trata-se do mundo da natureza, cujas coisas mantêm entre si uma relação de distância. Somente o observador junta esses "fragmentos do ser espacial" em uma unidade, e a sociedade é, assim, a *minha* representação. Apenas o fato do *eu* e o fato do *tu* existem *per se*, de maneira fundamental e incondicional. Já as coisas do mundo espacial existem apenas na minha representação, e a relação eu-tu se apresenta como constitutiva da síntese "sociedade". O conjunto dos processos que ocorrem nos indivíduos e que condicionam o seu "ser sociedade" são, no fundo, os processos da ação recíproca.

As formas da associação (de algum modo, formas *a priori* kantianas) são o modo como vemos o outro: "olhamo-nos reciprocamente como através de um véu", aquele da adesão a grupos, da coabitação social. São também o modo como o "ser associado" é determinado, ou pelo menos codeterminado, pelo seu "não ser associado": as figuras do estrangeiro, do inimigo, do pobre encontram aqui a sua alimentação contínua. A realidade é que as sociedades são formadas por seres que estão ao mesmo tempo dentro e fora delas. Sendo assim, nós estamos continuamente dentro e fora da sociedade. Cada um de nós é membro da sociedade e, ao mesmo tempo, embora conserve a mesma substância, vive com base no próprio e para o próprio centro.

Enfim, a sociedade é uma composição de diferenças, um mundo, um cosmos em que cada ponto está ligado à configuração da totalidade, o que resulta em uma configuração inteiramente funcional, na qual o eu, a individualidade, permanece, então, totalmente excluída. A sociedade se move como se todos os seus elementos estivessem em uma relação unitária, e cada um tivesse encontrado o seu posicionamento e a sua correlação nessa rede meramente exterior.

Um século depois das penetrantes análises de Simmel, a cidade parece ter se afastado cada vez mais da primeira configuração, eu-tu, em direção à segunda, eu-outro, e à terceira, mera coordenação funcional. De lugar da reciprocidade, tornou-se lugar da alteridade, da coabitação dos diferentes. Porém, a marca daquela primeira associação, daquela primeira raiz, está destinada a durar por um longo período.

Este livro é dedicado à investigação da ideia da cidade como intermediário, como ponte, e é dirigido a quem (sociólogo, urbanista, geógrafo, arquiteto, simplesmente cidadão) ainda concebe a cidade como o espaço do encontro e da existência em comum.

Ideias sobre os temas do livro foram trocadas, ao longo do tempo, com muitas pessoas, e recebi inúmeros estímulos de outras, entre as quais agradeço a: Josep

Acebillo, Pasquele Alferj, Arnaldo Bagnasco, Francesco Bandarin, Piero Bassetti, Valentin Bearth, Bertrand Bellon, Sergio Bologna, Carlo Bonadies, Guido Borelli, Mario Botta, Neil Brenner, Paolo Buran, Federico Butera, Massimo Cacciari, Roberto Camagni, Roberta Capello, Maurizio Carbognin, Maurizio Catino, Bruno Cattero, Enrico Ciciotti, Sergio Conti, Giancarlo Corò, Pier Luigi Crosta, Silvano Custoza, Giuseppe Dematteis, Giorgio De Michelis, Bruno Dente, Gianfranco Dioguardi, Carlo Donolo, Cesare Emanuel, Enrico Ercole, Raffaella Florio, Enrico Fontanari, Aurelio Galfetti, Luca Garavaglia, Patrick Le Galés, Mauro Magatti, Luigi Mazza, Chiara Mazzoleni, Patrizia Mello, Patrizia Messina, Michela Morello, Liliana Padovani, Gabriele Pasqui, Bruno Pedretti, Angelo Pichierri, Fabio Rugge, Enzo Rullani, Giulio Sapelli, Manuel Saravia, Patrizia Saroglia, Enrico Sassi, Peter Taylor, Carlo Trigilia, Matteo Vegetti, Pierre Veltz, Guglielmo Wolleb, e meus alunos da Accademia di Architettura de Mendrisio. O livro representa também um diálogo a distância com o último admirável trabalho de Giovanni Ferraro, falecido em 1999.

1
Centro

Civilização significa, observou Savinio, recolher o informe e centralizá-lo na cidade, onde o informe poderá obter forma e significado. "Fechada", pois, deve ser toda civilização.

O MUNDO

$\mathcal{A}$ cidade contemporânea ainda está "instalada em um território"[1] e é fundadora de um mundo, como era a cidade antiga? Pois a palavra "mundo" vem de *mundus*, a fossa circular escavada no centro da cidade na qual eram recolhidos e conservados os produtos da terra (as primícias), ou a terra original dos fundadores que asseveravam o seu valor sagrado. Aquele mundo oferecia um centro e um sentido a toda ação individual e social.

O centro orientava, constituía o nosso mundo. Mircea Eliade explica que a fossa circular era dividida em

---

[1] "Nos contextos culturais mais díspares encontramos sempre o mesmo esquema cosmológico e o mesmo cenário ritual: a instalação em um território equivale à fundação de um mundo." M. Eliade, *Il sacro e il profano* (Turim: Bollati Boringhieri, 2008 [1965]), p. 35.

quatro: "ela representava ao mesmo tempo a imagem do cosmos e o modelo exemplar do *habitat* humano".[2] Continha de antemão os quatro pontos cardeais, os horizontes em cuja direção toda expansão seria desenvolvida. Eixo do mundo, ela partia do centro e organizava o território habitado. A casa é igualmente um microcosmo: ela é o centro do mundo para quem a habita. E não há contradição entre a multiplicidade, ou melhor, a infinidade desses centros habitados e a ideia de centro. Na verdade, não se trata de espaço geométrico, mas de espaço existencial, simbólico e sagrado.

O centro é, pois, símbolo da criação do mundo e, de algum modo, a reproduz. A instalação primitiva de um altar ou mastro sagrado cumpria a precisa função de asseverar a legalidade da conquista do território. A cosmização do território por parte do homem significava a criação de uma ordem oposta ao caos, de modo a tornar o mundo "habitável". O caos era o território ignoto, o reino do "amorfo" e do "virtual", "de tudo aquilo que ainda não tem uma forma", conclui Eliade.[3] Toda criação de mundo é uma passagem do virtual e amorfo para o formal. E isso é precisamente o oposto do que fazemos hoje, com a expansão sem forma que imprimimos ao mundo urbanizado e a crescente virtualização que penetra o mundo construído.

---

[2] *Ibid.*, p. 35.
[3] *Ibid.*, p. 36.

Além disso, pelo fato de, no vocabulário político, "território" e "povo" serem designados pela mesma palavra (*demos*), atualmente eles podem existir em separado. De um lado, a cidade-território e, do outro, os fluxos populacionais que a atravessam, porém somente em parte a habitam ou se identificam nela. Pode a cidade, que sempre foi um centro – a ponto de o espaço parecer não existir a não ser quando irradiado de um centro, segundo a tradição antiga apresentada por René Guénon[4] – ser concebida em um espaço acentrado, tal como as cidades norte-americanas ou asiáticas da nossa época? O ponto no centro do círculo representa o princípio, observa Guénon, e o círculo representa o mundo. A circunferência não podia existir sem o seu centro, embora ele fosse totalmente independente dela. Atualmente, parece ocorrer exatamente o contrário: a circunferência se emancipa do seu centro e se encontra em qualquer lugar, expandindo-se desmedidamente e formando constelações desconhecidas e anônimas. A cidade se torna região.

Mas pode a região em si (*regio*), que nasce como definição legítima de uma fronteira, da parte de um rei, um *rex* com funções sacrais,[5] ser "sem fronteiras", como as atuais cidades-regiões globais (*global city-regions*)?

---

[4] R. Guénon, "L'idée du centre dans les traditions antiques", em R. Guénon (org.), *Simboli della scienza sacra* (Milão: Adelphi, 1975 [1926]), p. 63.
[5] E. Benveniste, *Il vocabolario delle istituzioni indoeuropee*, vol. II (Turim: Einaudi, 2001), p. 295. Retomado de P. Bourdieu, *La forza della rappresentazione*, em P. Bordieu, *La parola e Il potere* (Nápoles: Guida, 1988), p. 111.

Aquela região que em sua origem definia uma partição urbana (da qual derivou o *rione*, distrito)* e, mais tarde, um mundo regional mais amplo, mas também circunscrito, pode aumentar desmesuradamente? O processo de perda dos centros e dos lugares, a "des-locação", chegou ao ponto de impedir qualquer limite em relação ao mundo global? *Urbs et orbis*, a cidade e o mundo, querem dizer agora "por toda a parte, não importa onde" – designando um tecido urbano colocado sobre o planeta que acaba por deformá-los –, pura aglomeração?[6]

São essas as questões urgentes e inquietantes que a cidade contemporânea nos propõe, e que apresentamos, por nossa vez, ao seu crescimento incessante.

Para começar a respondê-las, partiremos de uma definição de centro. "Centro" vem do grego *kentron* e significa "ponta", aquilo que é apontado, que indica, centro de uma circunferência, e que, desse modo, torna o mundo "habitável".

A deusa do lar, Héstia, também presidia um centro: a lareira, que na cosmologia é o coração da terra, o centro do universo. A cidade de Delfos era o centro do mundo antigo, o *omphalòs* (umbigo). "Enfim, cada cidade é, ao seu modo, um centro. É habitável porque resguarda no

---

* Em italiano, *rione* designa o bairro de uma cidade. Originalmente, era uma das catorze repartições históricas de Roma, correspondentes às regiões nas quais Augusto havia subdividido a cidade. (N. do T.)

[6] J.-L. Nancy, *La création du monde ou la mondialisation* (Paris: Galilée, 2002), p. 14.

seu interior um centro."⁷ O centro de Atenas foi definido por Píndaro como umbigo, altar, ágora, e talvez coincidisse com o Pritaneu, sede do fogo sagrado de Héstia.

Em *Timeu*, de Platão, a criação do centro do mundo é tema principal. O mundo, observa Timeu em seu grande discurso cosmogônico, recebeu do demiurgo a forma "que compreende em si todas as formas" e, por isso, tornou-o "na forma da esfera que se estende do centro aos extremos de forma igual de todas as partes, ou seja, a mais perfeita de todas as formas e a mais semelhante a si mesma". O movimento circular e a alma colocada no meio que se estende até envolver o mundo em um "céu circular que gira em círculo, único e solitário" reforçam a ideia de centro. "E reunindo o centro do mundo com o centro da alma, harmonizou-os."⁸

Surge nesse texto platônico o conceito de receptáculo: receber em si, "uma espécie invisível e amorfa capaz de acolher tudo",⁹ *endekhomenon* "que explora com seu enigma toda a meditação do *Timeu* em relação à *khôra*".¹⁰ Receber em si significa receber o outro em si, acolher o estrangeiro, o hóspede, o que foi chamado. É fulgurante a frase que Simone Weil dedica a esse conceito: "O receptáculo platônico está além das formas;

---

[7] G. Ferraro, *Il libro dei luoghi* (Milão: Jaca Book, 2001), p. 45.
[8] Platão, "Timeo", em G. Reale (org.), *Tutti gli scritti* (Milão: Bompiani, 2000), p. 1.366.
[9] *Ibid.*, p. 1.377.
[10] J. Derrida, "Finis", em J. Derrida, *Aporie* (Milão: Bompiani, 1999), p. 11.

imagem do transcendente". Assim, "ideia de receptáculo, *geia*, a grande mãe, é a extensão".[11]

Na sua cosmogonia, Platão fala de três gêneros (*eidos*): o Exemplar, que é inteligível sempre do mesmo modo; a Imitação do exemplar, que é gerada e é visível; e o Espaço, que "dá sede" a todas as coisas que estão sujeitas a geração – espaço-matéria alheio a qualquer forma.[12] Nós "sonhamos" isso e afirmamos ser necessário que cada coisa que é esteja em algum lugar e ocupe um espaço (*khôra*).[13]

O espaço retorna como tema do acolhimento, da hospitalidade, da hospedagem ao morador: "doada por uma hospitalidade mais antiga que o próprio morador".[14]

Platão nos fala de um universo criado por um artífice, que conduz as coisas da desordem à ordem. Atualmente, podemos perceber o percurso oposto realizado pela sociedade: na globalização, descobrimos não só as diferenças, mas a desordem planetária induzida pela pretensão unificadora. O tema posterior que deriva daí é o do encontro-confronto entre culturas, do contato cultural. Nenhuma sociedade jamais existiu como universo fechado em si, harmônico. "Procedimentos específicos de

---

[11] S. Weil, *Quaderni*, vol. II (Milão: Adelphi, 1997), p. 180.
[12] M. Cacciari, *Della cosa ultima* (Milão: Adelphi, 2004), p. 344.
[13] Platão, "Timeo", em G. Reale (org.), *Tutti gli scritti*, cit., p. 1.378.
[14] Sobre *khôra*, ver J. Derrida, *Il segreto del nome*, trad. F. Garritano (Milão: Jaca Book, 1997), pp. 50-54. A inspiração no tema platônico da *khôra* é retomado por Derrida também em suas incursões ligadas à concepção arquitetônica contemporânea, como a respeito da *villette* parisiense.

manutenção do universo tornam-se necessários quando o universo simbólico torna-se *um problema.*"¹⁵ Trata-se, então, de dar início a formas de conservação dos universos e de tratamento dos potenciais concorrentes: a sua absorção, a sua eliminação ou algo mais.

Novas palavras entram no nosso léxico. Subuniversos selados: não abertos, ou segregados; segregação protetora dos estrangeiros e dos "povos hóspedes". Pluralismo: típico das sociedades urbanas diferenciadas, mas também busca infrutífera de imunidade.

Mundo, observa Jean-Luc Nancy,¹⁶ é uma totalidade de sentidos em que há lugar para todos no sentido próprio de lugar no qual existe; caso contrário, não é mundo, mas globo ou aglomeração, terra de exílio e vale de lágrimas. O mundo só o é para quem o habita: habitar um mundo significa mais do que estar, significa ter o lugar próprio, no sentido forte, o qual possibilite que qualquer coisa tenha propriamente lugar. O mundo é um *ethos*, um *habitus*, palavras que remetem a uma presença, à posse de um lugar, de uma sede.

Desde sempre o centro tem o valor essencial de ordenar, organizar e hierarquizar o espaço: os círculos concêntricos são hierarquizados pela distância diversa em relação ao princípio, do centro da cidade antiga (primeiro, o templo, mais tarde, a ágora), até o *central business*

---

[15] P. L. Berger e T. Luckmann, *La realtà come costruzione sociale* (Bolonha: Il Mulino, 1969), p. 149.
[16] J.-L. Nancy, *La création du monde*, cit., pp. 34-36.

district, que centraliza uma grande área metropolitana. Tudo mudou, nada mudou: até o século XX, o papel do centro jamais havia sido discutido. Ao contrário, compete-se para se tornar centro, para se estar no centro (como as cidades que querem ascender a um papel e a uma posição "mundiais" mais elevados). O centro continua sendo tal mesmo quando o mundo se torna pluricêntrico. O centro se descentraliza ou se re-centraliza de acordo com ciclicidades e ritmos variados. O centro é origem, meio e fim: orienta-nos e nos atrai ao centro, nos afasta e atrai a ele, mas talvez o centro não seja mais um "ponto" central, e sim uma simples faixa entre outras faixas, como no quadro *White Centre* (1950), de Mark Rothko.

A CIDADE CENTRAL

A cidade do século XX na sua forma metropolitana é anunciada, em 1903, por Georg Simmel como espaço de fluxos, ritmos e discrepâncias que o intelecto metropolitano ("a mais adaptável das nossas forças interiores") procura organizar, como "espaço para o contraste" entre indivíduo e espírito objetivo, entre as duas tendências da vida moderna, a objetiva e a pessoal. São as metrópoles como forma da modernidade. Ao mesmo tempo, a cidade é uma nova organização espacial: ao chegar em determinado nível, o seu perímetro ideal aumenta em progressão geométrica, grandeza funcional que transcende as fronteiras físicas. Em certo sentido, já é *global city*. No entanto, como observa Simmel em *Sociologias*, de 1908, as grandes organizações necessitam de um centro espacial enquanto o "espacialmente próximo" nos é indiferente, o "espacialmente distante" está em estreita relação conosco. Essas dinâmicas já anunciam a *global network*.

Depois, a metrópole é explorada na sua dimensão biológica, "ecológica", pela Escola de Chicago, sobretudo por Robert Park, aluno norte-americano de Simmel, e seus colegas no famoso livro *The City*, de 1925. Forças objetivas pressionam massas de indivíduos em movimento à concentração e à aglomeração, à competição, à invasão e à ocupação de nichos, ao desenvolvimento por áreas centrais (*central business district*) e por eixos de penetração territorial. O centro é essencial: compete-se por ele, nele se localiza. As cidades se desenvolvem por eixos radiais, obedecendo inconscientemente ao antigo significado do centro, cujos raios partem do ponto central e terminam na circunferência. Daí a função de equilíbrio do centro, que também é meio, por ser equidistante de todos os pontos da circunferência.

O texto *Urbanism as a Way of Life* (1938), de Louis Wirth, define e formaliza a imagem da densidade metropolitana destinada a durar até a atualidade.[17] A densidade, concentração de indivíduos no mesmo espaço,

---

[17] Ver a atual definição de Bagnasco: "A cidade pode ser entendida como uma instalação relativamente ampla, densa e permanente de indivíduos socialmente heterogêneos". A. Bagnasco, *Tracce di comunità* (Bolonha: Il Mulino, 1999), p. 148.

encerra o segredo do poder de instigação da grande cidade: o indivíduo metropolitano participa de grupos divergentes, cada um dos quais captura apenas um segmento da sua personalidade. A sua experiência é de contágio e, portanto, de criatividade e inovação.

Na mesma época, mas com diferente ênfase, Lewis Mumford primeiro analisa a passagem da metrópole à megalópole: "aglomeração informe, gigantismo, congestão, degradação, eliminação da natureza e esvaziamento do ambiente". A esse processo, que conduz à necrópole – a cidade moribunda –, Mumford contrapõe, como essência da cultura das cidades, uma possível "estrutura regional da civilização", baseada na ideia dos sistemas locais interconectados e abertos ao mundo: a proposta de uma nova "ordem urbana", que retoma as utopias da *social city* de Ebenezer Howard e corrige as tendências restritivas da urbanística progressista. Aqui, "cada cidade ocupa o espaço de modo particular e diferenciado"[18] e, em vez da imposição do "indivíduo tipo" funcional sugerida por Le Corbusier, há uma atenta busca pela diferenciação social dos habitantes. Os centros são muitos, o universo urbano é pluricêntrico e autônomo: apelo extremo antes do colapso.

---

[18] F. Choay, "L'urbanistica in discussione", em F. Choay, *La città. Utopie e realtà* (Turim: Einaudi, 1973 [1965]), p. 140.

A CIDADE DISPERSA

Um primeiro ataque à ideia de centro vem da cidade norte-americana contemporânea. A cidade norte-americana é pura passagem: "o centro é em qualquer parte, e a circunferência em lugar nenhum, ou o contrário", observa Nancy a respeito de Los Angeles. Aqui, qualquer tendência ou tentação local, qualquer apego ao lugar é eliminado. Percorre-se o lugar em extensão, e a região urbana (autorreflexão da cidade) passa distante da própria cidade, isto é, da ideia de cidade. A cidade parte em todas as direções: "difusão", "evaporação", "dissipação" de funções e de locais, termos tirados da física, são aqueles que melhor descrevem tal fenômeno.

> Houve um tempo em que a cidade tentacular emergiu da cidade comunal e fortificada. Hoje uma multiplicidade de tentáculos forma uma teia que une e ao mesmo tempo separa as cidades e os campos, numa proliferação fractal. A cidade é uma totalidade dispersa.[19]

Em seu texto de filosofia do espaço, Peter Sloterdjik reconstrói a genealogia dessa ideia.[20] Para Diderot, o "centro comum" de todas as coisas é o homem: na *Encyclopédie*, publicada no século XVIII, o autor se pergunta se existe no espaço infinito um ponto mais

---

[19] J.-L. Nancy, *La città lontana* (Verona: Ombre Corte, 2002), pp. 38-39.
[20] P. Sloterdjik, *Ecumes. Sphères III* (Paris: Maren Sell, 2005), pp. 17ss.

vantajoso do qual partiriam as imensas linhas que quiséssemos originar todos os outros pontos. Mais tarde, no século XX, Marshall McLuhan afirma que a simultaneidade eletrônica da informação produz uma esfera global do espaço auditivo, cujo centro está em todos os lugares, mas a circunferência, em lugar nenhum.

A cidade global teria herdado essa natureza. É Borges quem apresenta a mais precisa genealogia da imagem do centro. A nossa visão de centro, porém, ainda está marcada por uma lógica "gravitacional", na qual continua impressa uma concepção física e econômica do passado.

Entretanto, não é a dimensão desmedida da cidade o que anula o centro. Mesmo sendo enorme, a região urbana de Londres conserva a sua região central, sendo a City, atualmente, o centro financeiro global. As megalópoles do terceiro mundo, como a gigantesca Cidade do México, também conservam um centro que serve de sede do governo e que concentra a classe dirigente, deixando que os milhões de desamparados espalhados por centenas de quilômetros cresçam em favelas.

Seria, pois, especificamente norte-americana a perda do centro?

A "totalidade desordenada" de Nancy, a Los Angeles feita de uma matéria esponjosa, polpuda e granulosa que ruma para todas as direções, já havia sido anunciada em termos bem parecidos por Kevin Lynch, décadas antes: em sua pesquisa sobre a imagem da cidade, os habitantes de Los Angeles, ao serem instados a fornecer uma descrição de si mesmos, ou, antes, a simbolizar a cidade, usaram a palavra "espalhada" (*spread-out*). Essa é a primeira imagem que emerge da cidade, ao lado de "espaçosa", "sem forma", "sem centros".[21]

Insiste-se sempre na natureza espontânea, não projetada do processo, como ocorre no texto de Lynch. Mas, se pensarmos bem, as origens da "cidade espalhada" norte-americana já se encontram absolutamente evidentes desde a primeira metade do século XIX no mundo das pequenas *townships* que fascinaram Tocqueville. É ele quem primeiro e muito antecipadamente (em 1831) vê no habitante da cidade aquele novo indivíduo, movido pelo exclusivo interesse em si, que constrói sobre si todo o sistema, um que não tem centro e que foi desenvolvido de maneira sábia e atenta. Escreve Tocqueville: "observe com que arte no município norte-americano houve o cuidado de dispersar o poder". No município, pequena nação independente, o poder está dividido entre várias mãos: tudo está em movimento, mas não é possível descobrir o motor. Aqui, o poder não tem nada de central nem de hierárquico, por isso, não se pode discerni-lo. Ele está disseminado em inúmeras mãos, e a lei é dirigida ao interesse particular, e não a um suposto "interesse geral". O habitante se interessa pelo Estado por uma espécie de egoísmo, e não para cuidar do bem comum. Trata-se do modelo de Madison: garantir que a ambição se oponha

---

[21] K. Lynch, *L'immagine della città* (Veneza/Pádua: Marsilio, 1964), p. 58.

à ambição e, a partir daí, buscar o equilíbrio que impeça o predomínio de uma pessoa. Em razão de uma escolha sábia e nada espontânea, o todo não tem como resultado um centro comum, mas se fragmenta em inúmeros interesses, nas inúmeras paixões de cada estado, vila, município.

Seria também por esse motivo que a América não tem uma grande capital, ao contrário das nações europeias. Tocqueville considera as grandes cidades uma ameaça para o futuro, antecipando em um século os temores de Mumford. O papel da técnica nesse processo não é diretamente salientado por Tocqueville, mas é examinado por outro visitante europeu, Werner Sombart, que afirmou que a cidade dos Estados Unidos, o país das grandes cidades, parece oposta à cidade europeia: enquanto esta se desenvolveu de forma orgânica, aquela foi construída de acordo com princípios puramente racionais: "Na cidade norte-americana foram eliminados todos os traços de comunidade e demolida a sociedade pura". Essa racionalidade técnica se realiza plenamente na técnica fundadora da urbanística reticular, que divide todo o país em quadrados iguais entre si, segundo um único plano unitário, empurrando sempre para a frente os limites da fronteira. Trata-se de uma lógica nova a impulsionar o processo, desconhecida na Europa: o espírito capitalista dá um verdadeiro salto "lá onde a fantasia de um povo inteiro é direcionada para a grandeza puramente quantitativa, como nos Estados Unidos".²² Prepara-se já a ideologia do *bigness*. Graças à expansão reticular, as cidades ocuparão – veremos em seguida – o espaço vazio e ilimitado à disposição.

A CIDADE NEUTRA

Será a urbanística reticular a causadora da decadência da ideia de centro? Talvez isso já acontecesse desde Hipódamo de Mileto:²³

> Esta malha, que é rede de ruas e ao mesmo tempo predisposição de partes às suas funções, interpreta o espaço como extensão vazia e disponível: não mais intimamente diferenciado entre sagrado e profano, entre centro e periferia, entre um lugar e outro, mas praticamente discernível em funções variadas que cooperam para o bem-estar da cidade.

O modelo segue, assim, uma tradição antiga e apresenta infinitas variantes modernas. E é a variante norte-americana que irá levá-lo às extremas consequências, desde a primeira planificação racionalista de meados do século XIX (o plano reticular de Missouri, de 1836) até a *federated metropolis* de Olmsted (criador do Central Park nova-iorquino), que, em Chicago, conecta centros

---

[22] M. Weber, *L'etica protestante e lo spirito del capitalismo* (Milão: Bur, 1991), pp. 93-94.
[23] Aqui, recorro a Ferraro, *Il libro dei luoghi*, cit., p. 74.

e subúrbios ao longo de fortes eixos viários; a cidade social (1898) de Howard, pluricêntrica e já potencialmente "reticulada", ao *garden suburb* de Unwin e Parker, ponto culminante de um século de planejamentos; passando pelas utopias de Democracity e Futurama, projetos de metrópoles descentralizadas conectadas por autoestradas, apresentados na Exposição Internacional de Nova York de 1939, sob patrocínio da General Motors; pela Broadacre City (1934), de Frank Lloyd Wright, na qual "o verdadeiro centro (o único admissível) na democracia usoniana é o indivíduo na sua autêntica habitação unifamiliar usoniana"[24] e na qual a democracia dos indivíduos habita funções urbanas dispersas enquanto a sociedade se despolitiza em benefício da técnica; até a *dispersed metropolis* de Lynch (que, não por acaso, foi aluno de Wright), pura rede sem centro e apenas interseção policêntrica de redes de conexão e de triângulos de densidade variável, capaz de representar não apenas a cidade-região californiana, mas qualquer fenômeno de dispersão urbana contemporânea.

Se a grade, com as suas geometrias regulares, oculta as diferenças de uma América que reúne fragmentos sociais e físicos díspares, as "fantasias urbanas" almejam construir uma visão de sociedade democrática e unificada, não dividida por tensões antagonísticas. Esses eram os projetos apresentados na Feira Internacional de Nova

---

[24] F. L. Wright, "The Living City" (*New American Library*, Nova York, 1970), p. 231.

York de 1939, quando o mundo se encontrava à beira do abismo. Democracity, criada por Dreyfuss, é um projeto de metrópole descentralizada, com um centro sem habitantes e voltado apenas para as funções executivas, 250 mil trabalhadores e 70 cidades-satélites para habitações e pequenas indústrias. Futurama, projeto de Del Geddes e patrocinado por fabricantes de automóveis, conecta cidades futuristas por uma malha rodoviária.

O parque, o subúrbio, a rua. De fato, é a *main street* – e não a praça – o espaço público dominante. E é a rua, o percurso da estrada, o ponto de partida de Lynch em seu mapa fenomenológico. Sua imagem da cidade é uma resposta ao estranhamento da cidade neutra, ao desaparecimento do habitante. A cidade de Lynch é artefato transitório destinado a fornecer direções, destinações. A legibilidade da cidade é tudo o que interessa para ele.

Cidade é como texto, segundo Derrida, em *Freud e a cena da escrita* (1967): um mecanismo de escrita no qual se articulam e se contradizem as permanências e as exclusões que caracterizam a cidade. No léxico urbano de Lynch: cruzamentos, margens, percursos e inter-relações aludem a uma reconceitualização reticular da cidade (esse assunto será discutido adiante).

> O sistema hierárquico se apresentaria como uma negação da liberdade e da complexidade das conexões de uma metrópole [...] A sequência (conceito familiar na música, na literatura, no teatro) permite

conceber a região urbana como uma trama de sequências organizadas [...] até a organização de um enredo de sequências modeladas.

No entanto, nem mesmo esse modelo apresenta um conjunto, mas uma coleção de partes (as sequências). Pode-se imaginar a criação de um esquema geral; embora sentido como um todo, este não exigiria um esquema altamente unificado, com um único centro ou uma fronteira isolante.[25]

Esses modelos tornam a propor, de forma problemática, o tema clássico da comunidade que animara a visão de Tocqueville. Algumas vezes representam a antítese ("cidades como caixas", na sugestiva definição de Sombart, quadrados iguais entre si segundo um só plano unitário, fruto daquele mesmo espírito racional que percorreu o gigantesco país com um decâmetro!), porém frequentemente oferecem novas dimensões ao problema da representação espacial e política. Enquanto Howard inaugura uma visão de cidade descentralizada, que será desenvolvida várias vezes no século XX, a grade técnica urbana irá completar sua obra de total neutralização do espaço. "Quadrados que deverão banir desde o primeiro momento qualquer ideia de ocupação 'orgânica', naturalmente desenvolvida", observa Sombart. O que têm em comum Nuremberg e Chicago? "No que diz respeito ao

---

[25] K. Lynch, *L'immagine della città*, cit., p. 127ss.

espírito, nada. A primeira cresceu organicamente, a segunda eliminou todos os traços de comunidade."

A grade urbana é, de fato, uma arma a ser usada contra o caráter do ambiente natural (e social), contra o próprio caráter geográfico dos lugares. Esse caráter é anulado e as irregularidades físicas ignoradas, como o fizeram os primeiros urbanistas norte-americanos. Eles trataram Chicago e Nova York como cidades de fronteira, estendendo a sua grade até os confins urbanos, como, observa Sennett, se além da fronteira urbana nada existisse, apenas um vazio a ser preenchido.[26]

Eis a "neutral city": pura neutralização do espaço para o desenvolvimento ilimitado da renda capitalista. Espaço reduzido a unidades abstratas a serem compradas e vendidas, projetadas por uma racionalidade geométrica tirânica. Cidade "neutra" porque neutro é o espaço da grade, disponível para a expansão capitalista, tanto na horizontal quanto na vertical (o arranha-céu é também uma grade que ocupa o espaço para o alto).

Sennett observa que a grade encarna a ética espacial do capitalismo de Weber:

> agora avançava para o mercado da vida, fechando atrás de si as portas do convento e tentando invadir justamente a vida cotidiana mundana, com seu caráter metódico, para transformá-la numa existência

---

[26] R. Sennett, *The Conscience of the Eye* (Nova York: A. Knopf, 1990), p. 53.

racional no mundo, embora não deste ou para este mundo".²⁷

Esse é um texto extraordinário no qual o mundo assume o significado de "mundano", e que indica o estranhamento que surpreende o sujeito no espaço do mercado.

A própria grade, observa Sennett, desorienta aqueles que jogam com ela. Eles não conseguem estabelecer o valor dos lugares sem centro nem fronteiras, espaços de uma divisão geométrica infinita e insensata. A única alternativa à grade é a fantasia bucólica do parque: o Central Park de Olmsted também é funcional (como mostrou Tafuri) para a racionalidade capitalista.

Desse modo, o tratamento neutral do mundo faz com que a pessoa se sinta vazia.

A CIDADE GENÉRICA

Em todos esses modelos, porém, o centro não desaparece totalmente. Na verdade, o centro dilata-se ou multiplica-se, pluraliza-se em modelos policêntricos.

Por outro lado, atualmente a *cidade genérica* de Rem Koolhaas, arquiteto aclamado pela mídia, cuja indiferença ao lugar torna-se um valor, expressa bem a tendência de muitos arquitetos e projetistas urbanos em busca de um único *mundo urbano*, finalmente liberado pelos laços clássicos – o Estado, as normas, o substrato social,

---

²⁷ M. Weber, *L'etica protestante e lo spirito del capitalismo*, cit., p. 214.

a fixidez, a lentidão, etc. As palavras de ordem são mobilidade, velocidade, fluidez. Fora com o centro, viva o espaço-imundície, *fuck the context!*, exclama Koolhass e também antropólogos, críticos e revistas especializadas.

O pensamento sobre a cidade colide aqui com um paradoxo: *cidadãos sem cidade*, já que a banalização e a perda de sentido dos lugares acabam por anular a própria ideia de cidade e de mundo entendido como *espaço de sentidos*.[28] No entanto, mesmo nas novas dinâmicas pós-metropolitanas, o indivíduo busca participar, espacialmente ou não, de comunidades epistêmicas que lhe ofereçam sentido.

O *não lugar*[29] é a feliz definição antropológica do processo de estranhamento, do tornar-se estrangeiro e, ao mesmo tempo, de deslocamento, do perder o lugar. Pena que, quinze anos depois dessa ditosa descoberta, eles sejam exaltados como "o espaço comum, capaz de fazer com que aqueles que o utilizam, como usuários, passageiros ou clientes, pressintam que nem o tempo nem a beleza estão ausentes de sua história".[30]

Por um lado, aceleração, excesso de informações disponíveis. Por outro, superabundância e excesso de espaços sob a forma de imagens reconhecíveis e distâncias físicas encolhidas. Essas duas tendências multiplicam os não lugares, instalações necessárias à circulação acele-

---

[28] J.-L. Nancy, *La città lontana*, cit.
[29] M. Augé, *Non lieux* (Paris: Éditions du Seuil, 1992).
[30] *Idem*, "L'architecture comme illusion et comme allusion", em *Diáloghi Internazionali*, IV, 2007, p. 133.

rada de pessoas e mercadorias (aeroportos, rodoviárias, estacionamentos, centros comerciais, vias de pedestres, etc.). A arquitetura da globalização assume aqui a forma da "passagem", do espaço para viajantes, mas o paradoxo é que, atualmente, a unidade do espaço terrestre parece concebível, o que amplifica as reivindicações das raízes locais. Esse desarraigamento[31] que o Estado nacional já havia efetuado com a força, a globalização estaria encarregando-se, agora, de completar com a sedução estética do estranhamento ("os artistas e escritores estão condenados a procurar a beleza dos não lugares").[32]

"A própria cidade é um impasse, a cidade como ausência de cidade", afirma Nancy.[33] Essência do *ethos* negociante, incessante abertura. O mundo da cidade, como o da técnica, é desprovido de fim que não seja a própria evolução. Nem planta, nem animal, nem templo, nem habitação. É uma "concatenação de meios sem fim" na qual "o homem habita *en passant*".[34]

A CIDADE DOS NÃO LUGARES

Observemos melhor a definição de não lugar feita por Augé. "Designamos com essa palavra duas realidades complementares, porém distintas: os espaços constituí-

---

[31] S. Weil, *Quaderni*, vol. II, cit.
[32] M. Augé, *L'architecture comme illusion et comme allusion*, cit., p. 133.
[33] J.-L. Nancy, *La città lontana*, cit., p. 17.
[34] *Ibid.*, p. 58.

dos em relação com certos fins (transporte, trânsito, comércio, diversão), e a relação que os indivíduos mantêm com esses espaços."[35]

Augé enxerga em Benjamin o precursor e afirma que seu interesse pelas passagens nasce da vontade de prefigurar o que será a arquitetura do próximo século, um sonho ou uma antecipação. Assim a modernidade iria preparar a supermodernidade, as passagens teriam antecipado os não lugares.

Na verdade, para Benjamin, desde os "grandes projetos" de Saint-Simon e da École Polytechnique às passagens, no decorrer de algumas décadas já se realiza a parábola da modernidade. As passagens, que surgem nos quinze anos posteriores a 1822, já seriam as arquiteturas de "ruínas" mesmo antes de terem caído em desuso. São "resíduos de um mundo de sonho", monumentos que "já haviam começado a esfacelar-se".[36] A passagem é, em suma, ao mesmo tempo função (o comércio) e resíduo de nave (o sagrado). "Casas de sonho da coletividade", as passagens, como o sonho, não têm um lado exterior. É verdade que cada época sonha com a época seguinte, mas assim fazendo traz em si o seu fim.

Passagens, ferrovias e exposições: são de ferro as construções de trânsito, as arquiteturas transitórias. O século XIX é, por isso, o "século do ferro". Depois vem

---

[35] M. Augé, *Non lieux*, cit., pp. 118-119.
[36] W. Benjamin, *I "passages" di Parigi*, vol. 2 (Turim: Einaudi, 2002), p. 1.012.

o do vidro e, apenas após um século tem origem a arquitetura de vidro, que concretiza a utopia de Scheerbart, em 1914.

Antes disso, porém, outras transformações irão ocorrer. Primeiro, o aperfeiçoamento das passagens nos pavilhões das exposições universais, onde a mercadoria torna-se global. Depois, com Fourier, a transformação das passagens de galerias comerciais em habitações: "o falanstério é uma cidade de passagens". Perdem, então, seu caráter transitório para se transformarem em locais de moradia. Daí a natureza "mecânica" do falanstério, projetado como um instrumento. O ferro, primeiro material de construção artificial, sofre uma evolução. Benjamin fala em dissimulação da construção,[37] à semelhança da ideia dos construtivistas sobre o primado da superfície na construção.

Falamos sobre a dimensão sacra da arquitetura urbana. Aqui Benjamin retoma o arroubo religioso das grandes cidades de Baudelaire: os grandes magazines são seus templos; as passagens, uma antecipação.

Os magazines estão entre a casa e a rua, e são ambíguos por natureza, como as ruas baudelairianas de Paris são o reino do *flâneur*, ou seja, este ainda está "no limiar da grande cidade". Sua fantasmagoria do espaço é ora paisagem, ora aposento (dois polos dialéticos da cidade, que às vezes se tocam: ruas como cômodos, paisagens

---

[37] *Ibid.*, p. 996.

sem soleiras). Todo um filão da literatura sobre a cidade como labirinto e floresta nasce aí.

Benjamin dedica a essas figuras o início da *Infância berlinense*: "Não saber orientar-se numa cidade não quer dizer muito. Mas perder-se nela como perder-se numa floresta, é algo que deve ser aprendido".[38] No entanto, para o *flâneur*, a cidade não é mais sentir-se "em casa", é uma "ribalta teatral", e a ligação entre passagem e teatro é muito próxima, uma vez que as galerias imitam o palco. A ideia de cidade como teatro, visto mais tarde em Goffman e em Hannerz, origina-se nesse momento. O grande magazine torna a *flânerie* funcional para o comércio: o destino do *flâneur* é o mercado.

Georges-Eugènes Haussmann, "urbanista" dos bulevares (responsável por demolições e expropriações), torna explícita aos parisienses a desumanidade da metrópole. Será depois disso que o proletariado deixa a cidade central pelos subúrbios, o *enceinte* vermelho de Paris. Ao passo que, em Balzac, o homem é ainda maior que as ruas, Baudelaire evoca primeiro o mar de casas com suas ondas gigantescas, em provável conexão com Haussmann.

As exposições universais (como a que ocorreu em 1867, em Paris, "capital do luxo e da moda") são os locais de peregrinação ao fetiche da mercadoria, de onde os saint-simonianos "projetam a industrialização do

---

[38] W. Benjamin, *Infanzia Berlinese* (Turim: Einaudi, 1973), p. 9.

globo". Galerias com quilômetros de extensão, com estruturas em forma de móveis, mostram que o caráter de fortificação está presente tanto nos móveis quanto nas cidades. Será Le Corbusier que exigirá a ruptura da cidade fortificada.

A moda – para Simmel, imitação de um modelo dado e, ao mesmo tempo, necessidade de distinção – entra assim na organização do trabalho da economia. A publicidade, que nasce nesse mesmo período, serializa as especialidades.

O colecionador é o "verdadeiro inquilino do *interieur*". Ele remove das coisas seu caráter de mercadoria, imprimindo os traços do morar nos objetos de uso cotidiano.

O *interieur* é o reino do "privado urbano" que contrasta com o local de trabalho, o que leva a uma descentralização definitiva do morar. "O real centro do espaço vital é transferido para o escritório" e para os centros de negócios (antecipação dos centros empresariais metropolitanos), "a tentativa do indivíduo de prevalecer sobre a técnica em nome da própria interioridade conduz à sua ruína".

O século XIX, conclui Benjamin, esteve morbidamente ligado à casa. O século XX, com sua porosidade e sua transparência, coloca um ponto final no antigo sentido da moradia. Há aqui uma abertura em direção a toda a "arquitetura de vidro" do século XX, mas também alude ao "fim do morar": para os vivos, com os quartos de hotel; para os mortos, com os crematórios.

Com esse olhar, Benjamin vê na cidade contemporânea, projetada por Le Corbusier, o espaço único interno-externo, um complexo residencial ao longo da rua principal, mas no qual tudo mudou. Agora a rua está cheia de automóveis e, no centro, os aviões aterrissam.

A previsão dos não lugares é, assim, quase literal.

A ideia dos não lugares como novo espaço comum, defendida por Augé, opõe-se à ideia heideggeriana de que "os espaços recebem sua existência não do 'espaço', mas da localidade".[39] Os espaços concretos (e a cidade é, precisamente, uma "construção no espaço")[40] devem ser contextualizados com base em uma relação interior-exterior, uma relação que seja o "aspecto primário do espaço concreto".[41] O espaço apresenta, portanto, uma variedade de extensão e de fechamento. Em nosso caso, trata-se da relação entre assentamento e paisagem: o primeiro necessariamente "fechado", mas que assume forma e significado. Porém, "qualquer fechamento manifesta-se geralmente como "figura" em relação ao território que abrange a paisagem".[42] Ao passo que os não lugares são arquiteturas claustrofóbicas e indiferentes a todo exterior (como o próprio Augé explica em seu livro), cada assentamento que perca sua relação com o exterior perde identidade, bem como a paisagem.

---

[39] M. Heidegger, *Saggi e discorsi* (Milão: Mursia, 1976), p. 103.
[40] K. Lynch, *L'immagine della città*, cit., p. 23.
[41] C. Norberg-Schulz, *Genius loci* (Milão: Electa, 1979), p. 12.
[42] *Ibidem*.

Essa identidade do lugar, porém, não se trata de uma nostalgia puramente regressiva? Quando queremos defender e fixar a identidade de uma cidade, de um centro, de um país, não acabamos por definir e concluir essa figura? Como podemos subtrair o discurso sobre a identidade à sua clausura?

O tema é aquele da relação: identidade pode ser afirmação de valores, mas que sejam passíveis de comparação, traduzíveis entre si. Assim, uma visão dos lugares não é a de fechamento localista, mas de relação e de possível federação.[43]

Semelhante visão "policêntrica" pode evitar a perda da ideia de centro, que é, por sua vez, inevitável e mesmo teorizada por Koolhaas. De fato, "num contexto mais amplo, qualquer paisagem fechada se transforma num centro que pode funcionar como 'fulcro' em relação ao ambiente circunstante".[44] Mas como evitar a clausura? Como a estabilidade do local pode ser compatível com a dinâmica da mudança? "Cada local deveria ter a capacidade de receber conteúdos diversos, naturalmente dentro de certos limites."[45]

Em vez disso, ao renunciar ao contexto, Koolhaas é obrigado a abdicar de qualquer ideia de local e de centro, e também desistir de qualquer noção de espaço, que não seja uma ambígua estética da distância.

---

[43] M. Cacciari, *Identità e relacione*, palestra apresentada na Accademia di Architettura de Mendrisio, 2007.
[44] C. Norberg-Schulz, *Genius loci*, cit., p. 13.
[45] *Ibid.*, p. 18.

A centralização é, pois, uma propriedade do espaço concreto, e "toda clausura é definida por uma delimitação".[46] Essa visão deveria evidenciar a inconsistência de qualquer ideia de cidade infinita, pois a cidade, de fato, estende as fronteiras, cresce e se expande, porém existe porque é limitada. Sem fronteiras, na verdade, não há espaço. "A delimitação não é aquilo em que uma coisa se detém, mas é aquilo a partir do qual uma coisa inicia a sua presença", observa Heidegger.[47]

A CIDADE COMPACTA

A crítica à cidade genérica deve ser conduzida em nome de qual ideia de cidade?

A cidade compacta é baseada na reciprocidade, "porquanto é pela retribuição proporcional que a cidade se mantém unida" (*summenei e polis*). Há troca, reciprocidade no sentido aristotélico, pois de outro modo não seria possível a comunidade (*koinonía*). O *koinòn*, a comunidade, é atualmente algo muito diverso em relação àquela comunidade antiga carregada de significados que "preparou" a sociedade. No entanto, ainda hoje, a comunidade, o juntar eu-tu,[48] que vem "após" a sociedade, significa que nos escolhemos e que essa necessidade de

---

[46] *Ibid.*, p. 13.
[47] M. Heidegger, *Saggi e discorsi*, cit., p. 103.
[48] M. Scheler foi o primeiro a defender que "o 'tu' é a categoria existencial mais fundamental do pensamento humano". M. Scheler, *Sociologia do saber* (Roma: Abete, 1976 [1926]), p. 119.

nos agruparmos é irreprimível, para além da esfera utilitária e do interesse (a comunidade inativa de Nancy). Essa comunidade projeta nosso "pôr em comum" numa esfera diversa, pós-material e pós-moderna. Bill Gates, ao apresentar seus *softwares* ao mundo inteiro, dirige-se à inevitável necessidade de comunidade que habita em cada um e oferece uma versão inédita de uma comunidade virtual. Esta nos conduz à cidade dos *bits*, a cidade virtual absorvida pela tela eletrônica, que será discutido ao analisarmos o vazio.

A urbanística contemporânea da cidade compacta pode ser também assimilada à antiga ideia de proporção, de distribuição equitativa, de troca recíproca. Atualmente, Amsterdã, Roterdã, Barcelona, Munique, Londres e Paris seguem a ideia de compactação. O mesmo ocorre quando são criadas novas centralidades nas regiões mais densas e degradadas da cidade, baseadas na concepção de espaços comuns de encontro e interação, como os novos museus ou centros cívicos de Barcelona.

Ou quando a cidade se torna compacta ao longo do eixo "vertical" (torres e arranha-céus), para evitar crescer desmesuradamente ao longo de um eixo horizontal, como aconteceu em Londres. Ou quando se propõe uma organização urbana compacta que reduza o consumo de espaço e antecipe as transformações ambientais, fixando um parâmetro mínimo de moradias por hectare nas áreas urbanizáveis, como prevê o Plano diretor da Île-de-France. Ou até mesmo quando é integralmente refeito o centro-cidade, como no caso de Euralille. Ou se trabalha na intensificação das funções centrais infraestruturais e logísticas do Randstad holandês, a metrópole do Delta. O que tudo isso tem em comum? A própria visão da renovação urbana (*renovatio urbis*), entendida como uma capacidade contínua de adaptação. "Proteger e conservar o *genius loci* significa, de fato, concretizar a sua essência em contextos históricos sempre novos."[49] A ideia de cidade não pode renunciar ao centro. A cidade, para ser habitável, deve "recordar", conservar, restituir, incrementar, reproduzir, multiplicar, porém não dissolver a centralidade.

LONGE DO CENTRO

A cidade desloca populações e conflitos sociais do centro para as margens. É o que nos mostra o crescimento das periferias, as revoltas dos *banlieues* franceses, a proliferação de *cités* para imigrantes.[50] Em alguns casos, assiste-se o oposto: o centro vai à periferia, as funções centrais se deslocam e abandonam o centro histórico que é esvaziado.[51] Mas, em parte, a tentativa tem sido di-

---

[49] C. Norberg-Schulz, *Genius loci*, cit., p. 18.
[50] R. Castel, "La discrimination négative. Le déficit de citoyenneté des jeunes de banlieue", em *Annales*, nº 4 (Paris: Éditions de L'Ehees, 2006).
[51] "Em certa época, o centro de Veneza era l'Arsenale, para Fernand Braudel, 'glorioso e grandioso'. Mais tarde, a praça de São Marcos tornou-se o fulcro-eixo e porto da cidade lagunar. A estação e o largo Roma eram o 'centro' nesse século e, agora, com o Tronchetto pela

ferente, ou seja, tem se evitado a perda da população e favorecido a mescla social e étnica. Conforme aconteceu em Chicago, cidade norte-americana, na época progressista. "Os urbanistas pensaram em interromper a fuga dos brancos das periferias, nas quais os negros passaram a morar, reservando aos brancos pobres um número limitado de alojamentos em novas casas no centro de Chicago."[52] Cabrini Green, a poucos quarteirões da Gold Coast dos ricos, surgiu para integrar quotas diversas de população, mas o experimento fracassou em poucos anos. Inaugurado no pós-guerra, já em 1959 os brancos haviam desaparecido da periferia, o bairro foi abandonado e tornou-se degradado, e os espaços mortificados foram tomados por uma selva, que se estendia por quilômetros, de monstros de quinze andares. Na falência da urbanística social, um papel-chave é desempenhado pela falta de envolvimento e de respeito pelos habitantes. Estes, jamais envolvidos, apenas transformados em espectadores das próprias necessidades e em consumidores de serviços de assistência, a falta de respeito significou não serem vistos e considerados como seres humanos. Ao terem sido expulsos, tornaram-se invisíveis.

---

metade, Mestre representa a verdadeira centralidade". P. L. Cervellati, *La città bella* (Bolonha: Il Mulino, 1991), p. 8.

[52] R. Sennet, "Ricordo del Cabini Green", em R. Sennet, *Rispetto* (Bolonha: Il Mulino, 2004), p. 23.

A CIDADE-ARQUIPÉLAGO

A cidade tem uma alma, afirma Orhan Pamuk, a propósito de sua Istambul.[53] Embora ao observar os panoramas em sucessão interminável pareça que a cidade seja "infinita e sem centro", a própria cidade "não é um lugar anônimo, um marasmo de casas onde as pessoas vivem separadas", pelo contrário, é "um arquipélago de bairros onde todos se conhecem, de perto ou de longe". E em cada bairro "deve haver um centro", mesmo que haja apenas uma loja onde se reúnem e se espalham as vozes da cidade. É a mesma ideia de Robert Park, o sociólogo-cronista para quem a cidade é colorida pelos sentimentos de seus habitantes. Ou de Jane Jacobs, a urbanista que, na infinidade dos pequenos contatos que acontecem na rua, na calçada, na farmácia ou na banca de jornal, cada um com sua trivialidade, vê nascer no conjunto uma sensibilidade pelo caráter "público" dos indivíduos, um tecido conectivo de respeito e de confiança. Justamente o tecido que não é possível surgir nos inúmeros Cabrini Green, um mundo de relações no qual a falta de uma via pública é um desastre porque não é possível estimulá-las de forma organizada.

---

[53] O. Pamuk, *Istambul. I ricordi e la città* (Turim: Einaudi, 2006), pp. 68-86.

A CIDADE DAS CIDADES

A cidade-jardim de Ebenezer Howard[54] é o protótipo de toda cidade planejada do século XX e, ao mesmo tempo, é o único caso no qual um modelo espacial foi destinado à instauração e difusão de um modelo de sociedade.[55] Quando a população atingir a cifra de 32 mil habitantes, ela se desenvolverá construindo outra cidade a certa distância, galgando um cinturão de parques e jardins. Surgirão, assim, duas cidades que serão reunidas numa única comunidade por meios de transporte rápidos.

A cidade das cidades dará lugar, dessa maneira, a um aglomerado de cidades agrupadas em forma de *cluster* em volta de uma cidade central (que poderá ter uma população maior que 58 mil habitantes). Embora mantendo dimensões limitadas, cada um desses locais irá formar uma única e importante cidade com todas as vantagens das economias de aglomeração, limitando, porém, os efeitos externos negativos. Um sistema ferroviário anelar e radial irá coligar as cidades-jardim entre si e com a cidade central.

Um modelo ainda decididamente racionalista-centrista, que se opõe ao caos metropolitano e que se contrapõe

---

[54] E. Howard, *Garden Cities of Tomorrow* (Londres: Faber and Faber, 1946). Tradução parcial para o italiano em F. Choay, *La città. Utopie e realtà*, cit., pp. 282-293.

[55] F. Choay, *La regola e il modello. Sulla teoria dell'architettura e dell'urbanistica*. (Roma: Officina Edizioni, 1986), p. 340.

ao *pharmakon* de um crescimento celular controlado. Um modelo que, na Europa, conheceu desenvolvimentos práticos, embora limitados e discutíveis,[56] e que levaram à revisão de alguns aspectos da configuração original (por exemplo, a dimensão quantitativa da população estabelecida cresceu além dos limites previstos pelo autor).

Quem sabe se, após tantos anos, os criadores do projeto Liberar o Crescimento, da Comissão Attali (2008), não pensaram naquele modelo quando propuseram para a França a criação de dez ecópolis de 50 mil habitantes, novas cidades de desenvolvimento ecológico e controlado, como chave para a renovação francesa. Enquanto o projeto milanês Cidade de Cidades, promovido pela província de Milão para incentivar um pequeno planejamento na metrópole difusa, inspira-se diretamente até mesmo no título, embora a abordagem seja deliberadamente "fraca", aponta-se mais para uma reparação do tecido urbano existente do que para um novo projeto de cidade.

O modelo, no início do século XX, também inspirou outras variantes, em maior escala, para adaptá-lo às exigências metropolitanas. A cidade-satélite de Ludwig Hilberseimer, urbanista da Bauhaus em 1924 e 1925, pretendeu criar uma grande cidade em dois níveis, duas cida-

---

[56] As *new towns* inglesas de Letchworth e Welwyn, o plano da Greater London de Abercrombie, as *villes nouvelles* francesas (com mais de 1 milhão de habitantes), o plano regional de Estocolmo e o plano de Budapeste são alguns desenvolvimentos operacionais do modelo de Howard.

des sobrepostas uma a outra: embaixo, a cidade industrial e o tráfego automobilístico; no alto, a cidade residencial com ruas para pedestres. Cinco planos inferiores dedicados ao trabalho e às funções comerciais, quinze planos superiores para moradia e muitos espaços comuns. Uma cidade-modelo em dois níveis destinada a separar as funções e facilitar a circulação do tráfego. Ideia certamente fascinante por ser capaz de circular os fluxos, separando os planos da ação, o da mobilidade e o da residência.

Mas também, e não obstante, tratou-se de uma inspiração inconsciente na urbanística coletivista e burocrática do século XX. Quantas cidades-satélite surgiram como guetos residenciais em volta das grandes cidades do século XX, incapazes de garantir que cada complexo habitacional pudesse ser, tanto interna como externamente, adaptável aos estilos divergentes de seus habitantes?[57] A arquitetura continua seu trajeto, de produto individual a estilo coletivo, sem que encontre expressão aquele espírito do tempo que reclama diversidade e distinção nas sociedades de massa, aquele espírito que Simmel e Loos tinham visto. "Saberemos enfim aventurarmo-nos numa construção centralizada e reunir uma grande diversidade de possibilidades habitacionais e de funções vitais sob um único teto, aproximando-nos aos arranha-céus norte-americanos?"[58] As respostas, após a tempo-

---

[57] T. van Doesburg, *On European Architecture* (Basileia/Berlim/Boston: Birkhäuser Verlag, 1990), p. 162.
[58] *Ibid.*, p. 169.

rada das *Siedlungen* dos anos 1920 e 1930, não vieram mais. A ideia da variedade que evita a repetição, tanto no perfil urbano como no projeto interno da moradia, não avançou significativamente a partir de então. Contudo, se compararmos o modelo original de Howard com a cidade-espuma contemporânea, encontraremos diversos pontos de contato. A "macroespuma urbana", afirma Sloterdjik,[59] que forma ou deforma nossas cidades, só pode ser entendida como um "metacoletor que reúne os lugares da reunião e da não reunião". A geometria da cidade racionalista esforça-se para recolher e organizar esses aspectos de aglomeração que são próprios da vida urbana. Ainda assim, "a verdadeira função das metrópoles é claramente assegurar a boa vizinhança dos centros e dos não centros", mas não na forma de um supercentro como pensavam os racionalistas, e sim na forma da aglomeração e do empilhamento de coletores, empresas, alojamentos, superfícies construídas a céu aberto. No entanto, "aglomeração" não é a mesma coisa que dizer "mundo", espaço de sentido. O desafio é conjugar comunidades de sentidos diversos, multíplices, dentro de um único espaço de convivência. Con-viver no global, "quando cada lugar é um ponto indiferente de um espaço equivalente e isomorfo",[60] sabendo inventar novos locais e espaços dotados de sentido. Se isso

---

[59] P. Sloterdijk, cit., p. 579.
[60] M. Cacciare, "Introduzione", em P. Perulli & M. Vegetti (orgs.), *La città. Note per un lessico socio-filosofico* (Mendrisio: Accademia di Architettura di Mendrisio, 2004).

for possível, e lá onde o tornarmos possível, poderemos evitar tanto a perda do centro homologante e "insensato", teorizado pelos paladinos da cidade genérica, como a proliferação dos locais fechados, identitários e "imunes", reclusos e claustrofóbicos que a arquitetura contemporânea oferece. Que são, num olhar mais atento, as duas faces de um mesmo processo de perda de sentido da cidade.

OS NOVOS CENTROS SEM CENTRALIDADE

Um mundo sem centro significa, como já vimos, a perda de qualquer orientação, a extensão amorfa, carente de qualquer orientação e de estrutura.[61] Por isso continua a busca de um centro, que continuará enquanto vivermos num mundo de cidades. Na verdade, a cidade comporta a ideia de centro, ainda que em formas novas e diversas, enquanto que apenas a estagnação das cidades e a perda de sua natureza dinâmica levarão ao desaparecimento do centro.

De fato, o mundo atual é uma rede de cidades centrais, cada uma das quais expande uma vida econômica. Apenas nas cidades concentram-se os recursos e as capacidades para continuamente fazer emergir as inovações, sejam novos produtos ou serviços. Isso ocorre mediante

---
[61] M. Eliade, *Il sacro e il profano*, cit., p. 46.

complexas redes de interação entre atores, das quais sabemos o bastante para dizer que tais processos não são planificáveis *ex-ante*, mas ocorrem ao dar vida aos projetos, que por sua vez alimentam novas dinâmicas e alianças entre atores e entre cidades.

Cidades centrais continuarão a emergir no centro de redes com outras cidades, num panorama de fluxos de conhecimentos, de serviços e de mercadorias.[62] Esse processo ocorre em âmbitos espaciais: cada função é um *hub*, um vínculo central, e é distribuído no espaço segundo lógicas de conectividade. Certamente a cidade não é apenas isso, mas sem entender o seu papel central não se pode compreender o restante, ou seja, a multiplicação de funções derivadas, a atração de pessoas à busca de bens posicionais, a criação de efeitos de aprendizagem, mas também a multiplicação de fatores de exclusão e de uma nova periferização.

Na reafirmada centralidade das cidades, os projetos urbanos criam continuamente novos centros. Muitos projetos preveem isso, criam os novos centros nos quais serão instalados sistemas de atividades centrais e posicionam em volta destes as grandes funções da mobilidade sempre mais global-local. Em Turim, a essência do Plano Gregotti, em Barcelona, as áreas de novas centralidades

---

[62] O geógrafo P. J. Taylor, em *World City Network* (Londres/Nova York: Routledge, 2004), reelabora criativamente a contribuição de J. Jacobs, *Cities and the Wealth of Nations* (Nova York: Vintage, 1984).

de Bohigas, em Paris a Zac Rive Gauche: todas representam a busca da criação de novos centros.

Os processos não se baseiam mais em centralidades pré-definidas, mas de preferência em sistemas de ações que procuram incorporar a incerteza sobre o futuro.[63] Os projetos são articulados em funções (estratégicas, políticas, técnicas e de realização) nas quais entram e saem atores cada vez mais numerosos, sem que nenhuma linearidade seja mais admitida, enquanto se afirma uma urbanística transacional baseada nas relações entre atores,[64] correndo-se o risco de que a urbanística se transforme em procedimentos sem substância se não forem reencontrados (apesar de não serem mais dados) lugares de memória e de escuta, espessura histórica e densidade social aos projetos.

PODER, *FORMA URBIS*, ECONOMIA POLÍTICA

Concluímos, assim, a primeira parte da viagem do "centro do mundo" sacro e imutável ao centro de transações econômicas fluidas e variáveis. Mas *centro do mundo* na cultura tradicional torna-se também o centro do poder, *caput mundi*. A Roma imperial é *una civitas*,

---

[63] Palavras que norteiam o Plano Estratégico Econômico e Social de Barcelona 2000.
[64] A. Levy, "Quel urbanisme face aux mutations de la société postindustrielle?", em *Esprit* XI, 2006.

pois unifica o mundo inteiro numa única cidade. Aqui o centro do mundo significa também "fazer confluir todo o *orbis* ao centro da *urbs*",[65] significa levar ao centro todos os produtos mundiais e oferecer a todo o planeta um meio, colocar o mundo inteiro à disposição dessa centralidade e, dessa forma, cancelar os lugares e sua variedade. A ideia de centro traz consigo a sua própria banalização, o esvaziamento dos lugares e a sua reversão a não lugares. Como se vê, Roma possui a primeira experiência histórica na qual o centro chega a se identificar com todo o mundo disponível.

O percurso do centro como local de poder continuará na época dos Estados nacionais modernos. Centro do poder, domínio, lugar simbólico do rei, do Estado, capitais dos Estados europeus. Mas na época de sua formação, mesmo nesse caso, trata-se de uma cidade que se estende e se expande sobre todo um território. Os termos são de Foucault, que reconstrói a genealogia da segurança, do território e da população na época dos Estados absolutistas. "Trata-se, no fundo, de fazer do reino, do território inteiro, uma espécie de grande cidade, de fazer que o território fosse organizado segundo o modelo de uma cidade e tão perfeitamente como uma cidade."[66] Trata-se daquele modelo de regulação da coexistência entre pessoas e da troca de mercadorias no mercado que

---

[65] G. Ferraro, *Il libro dei luoghi*, cit., p. 246 e capítulo 3.
[66] M. Foucault, *Sicurezza, territorio, popolazione. Corso al Collège de France (1977-1978)* (Milão: Feltrinelli, 2005), p. 242.

responde ao dispositivo político da polícia, instrumento da razão de estado para a regulamentação. Exercitar a polícia e urbanizar são a mesma coisa, acrescenta Foucault, nessa passagem histórica entre os séculos XVII e XVIII que prepara a modernidade. Naturalmente, a cidade-mercado não surge nessa fase, é bem anterior e assinala todo o milênio, mas nesse momento torna-se "o modelo da intervenção estatal na vida dos homens".[67] Que toma conta das mercadorias, das estradas e da circulação, mas também do bem-estar e dos preços, do consumo e de muito mais.

Assim os Estados nacionais fizeram-se na medida das cidades, e por meio da urbanização impõem o seu modelo. A coincidência de serem capitais de impérios explica o papel desproporcional de Paris e Londres, Madri e Lisboa, porém a identificação das economias nacionais com a economia de uma única cidade explica o papel de Estocolmo, Copenhague, Oslo, Helsinki, Viena e Atenas em seus respectivos Estados. Já Alemanha, Suíça e Itália, todos os três Estados multicidades, são exceções.

Embora as "economias nacionais" sejam um mito atentamente construído e tenham se tratado, na realidade, de um amálgama de economias urbanas,[68] o que certamente é real é o papel das políticas econômicas na definição do papel das cidades. Tratou-se de polarizar investimentos, de privilegiar sedes, de atribuir papéis de

---
[67] Ibid., p. 245.
[68] P. J. Taylor, cit., p. 50.

poder a algumas cidades e não a outras e, principalmente, às cidades capitais. Estas, desse modo, acumularam e dominaram. Tornaram-se ainda mais "centrais", dessa vez no sentido da economia clássica do espaço de Christaller e de August Lösch.

A própria forma tomada pelas cidades pode ser provavelmente relida na economia política comparada. O peso do *welfare* e da redistribuição pública e a incidência de rendas provenientes dessas fontes têm um peso completamente diverso nas cidades europeias comparadas às norte-americanas. O jogo do Estado e dos interesses econômicos organizados e as suas variáveis combinações (de aliança, integração e domínio) explicam bem a forma urbana compacta assumida pelas cidades europeias de forte comando público, a expansão das cidades norte-americanas guiada pelos regimes urbanos público-privados e, atualmente, o gigantismo das megacidades asiáticas governadas por regimes autoritários de mercado.

2
Círculo

Simone Weil em L'enracinement *escreve que o círculo, para os gregos, era a imagem de Deus. Pois um círculo que roda sobre si mesmo faz um movimento que nada muda, é perfeitamente fechado em si mesmo.*

O SER CIRCULAR

Para Parmênides ("aquele que em primeiro lugar, no início da filosofia grega, deu importância ao horizonte no qual seriam realizadas as obras e as empresas desse povo")[1] o Ser é circular. Não se distingue em partes, é pleno, contínuo, homogêneo. Ainda hoje, quando pensamos numa entidade como um todo (holismo), lembramos esse atributo do Ser. Sempre idêntico, sempre imóvel, no mesmo lugar, "nos limites de cadeias potentes". Nesse verso, Parmênides menciona o *peirar,* o limite, confim, superfície externa que encerra um espaço sólido. Prepara-se assim a figura que conclui o discurso do Ser: "Mas

---

[1] M. Heidegger, *Soggiorni* (Parma: Guanda, 1997), p. 22.

uma vez que tem um limite extremo, está completo por todos os lados, símile à curva de uma esfera perfeita". Eis enfim a forma do Ser: é o círculo, "pois de todo o lado igual a si, se estende nos limites por igual". O Ser, portanto, está nos limites, *en peirasi*.[2]

Esférica é também a forma do ser completo que está virtualmente no germe original e que deve ser reconstituído em sua plenitude efetiva no final do desenvolvimento cíclico individual.[3]

Por isso, a partir de então e em todo o pensamento ocidental, de Platão às utopias urbanas de Bruno Taut, a forma da cidade ideal geralmente é circular (ou semicircular, como em Thomas More). Pura utopia?[4] São circulares a cidade antiga e medieval, é circular o *ring* da moderna cidade burguesa da Europa central, como também o *greenbelt* que circunda Londres e outras metrópoles graças à urbanística do século XX. Circulação como liberdade de percorrer ou como reclusão de um sistema, segundo

---

[2] Todas as citações de Parmênides foram extraídas de Giovanni Cerri (org.), *Poema sulla natura* (Milão: Bur, 1999), pp. 151ss.

[3] R. Guénon, "Il geroglifico del Cerchio", em R. Guénon, *Simboli della scienza sacra* (Milão: Adelphi, 1975 [1926]), pp. 123ss. A figura de cada homem era originalmente rotunda, afirma Aristófanes em *O banquete*, de Platão. Guénon enfatiza o valor simbólico dessa originária figura andrógina.

[4] Sobre o papel essencial da utopia na história das cidades, conferir, entre outros, L. Mumford, *Storia dell'utopia* (Roma: Donzelli, 1977[1922]), e F. Choay, *La città. Utopie e realtà* (Turim: Einaudi, 1973 [1965]). É útil, principalmente, a distinção de Mumford entre a utopia da fuga, que deixa o "mundo" tal como é, e a utopia da reconstrução, que tenta, ao contrário, mudá-lo para relacionar-se com ele nas condições desejadas.

o significado grego original? Forma circular como retorno inconsciente àquela perfeição originária? Ou como resíduo utópico para "reinserir mais eficazmente no poeirento tráfego do meio-dia do mundo contemporâneo"?[5]

OS QUATRO CÍRCULOS DO PERTENCIMENTO SOCIAL

Se a cidade é organizada em círculos, isso reflete também o fato de que a sociedade tem uma estrutura circular. De fato, a hierarquização do espaço reflete as geometrias da sociedade. Partamos da sociedade antiga, como reconstruída pelo grande linguista E. Benveniste, ao falar dos "quatro círculos do pertencimento social".[6] A sociedade origina-se da menor unidade até englobar o conjunto da comunidade nacional, em quatro círculos concêntricos.

O primeiro círculo é a *família*: no início, casa-família (*domus*), depois torna casa-edifício à medida que se passa da família estendida à fragmentação nuclear, e da antiga estruturação genealógica a uma sociedade subdividida de acordo com a geografia. O apelo ao elemento construtivo, casa como edifício, é apenas parte do significado desse primeiro núcleo; o outro é o do poder social (exercido pelo *dominus*).

---

[5] L. Mumford, *Storia dell'utopia*, cit., p. 20.
[6] E. Benveniste, *Il vocabolario delle istituzioni indoeuropee*, vol. I (Turim: Einaudi, 2001), pp. 226ss.

Vitrúvio relaciona a casa-edifício à passagem da humanidade à vida civil e à técnica:

> assim, armados de maior ânimo e buscando projetos e ideias cada vez maiores, nascidas da variedade das artes, não mais cabanas (*casas*), mas casas (*domos*) com fundações e muros de tijolos e de pedra começaram a construir [...] das relações vagas e incertas chegaram a estabelecer as relações estáveis das simetrias.[7]

O segundo elo é o *clã*, que reúne várias famílias. Em muitas sociedades que não conheceram a cidadania no sentido ocidental e universalista, permanece como a unidade decisiva de pertencimento social. A palavra latina *vicus* refere-se à vizinhança e, mais tarde, ao conjunto de casas, à vila, ao bairro. A vizinhança é o segundo círculo, forte a ponto de sobreviver também na cidade contemporânea, o *neighborhood* da cidade norte-americana, ou o *nachbarschaft* (vizinho de casa) alemão.[8] O sucesso do conceito de clã, na verdade, não está limitado às sociedades arcaicas, mas também diz respeito às sociedades desenvolvidas, nas quais formas clânicas (de empresas às máfias) prosperam com impressionante continuidade.

---

[7] Vitrúvio Pollone, *Architettura*, livro II (Milão: Bur, 2002), p. 139.
[8] J. Kluger, *Nachbarschaft-Vicinato*, em P. Perulli & M. Vegetti (orgs.), *La città. Note per un lessico socio-filosofico* (Mendrisio: Accademia di Architettura di Mendrisio, 2004), pp. 52ss.

CÍRCULO

O terceiro elo é a *tribo* (em latim, *tribunus*), o "conjunto daqueles que têm a mesma origem". Trata-se de um grupo mais amplo, social e territorial, do qual se desenvolve a cidade antiga. Em grego, trata-se de *genos*, de *fratrias*, de *phulài*. A cidade antiga é uma estrutura tribal que, progressivamente, dos laços de sangue estende-se, indicando uma descendência mítica em comum, um vínculo simbólico e cultural. O velho grupo gentílico (derivado da identidade dos *genos*) dá lugar, já na Grécia clássica, a novas mesclas sociais, frutos de recentes camadas de trabalhadores livres urbanos, e novas articulações territoriais (sobretudo com a reforma de Clístenes, que articula, territorial e não mais geneticamente, a cidadania).[9]

O tempo da tribo, porém, continua na cidade contemporânea, justamente redefinida como tribal por Michel Maffesoli. Ele vê, ainda na cidade antiga, uma oscilação entre *polis* e *thiasos*, entre ordem política e associação cultural.* "Enquanto o primeiro privilegia os indivíduos e suas associações contratuais, racionais, a segunda enfatiza a dimensão afetiva, sensível." Cultos como o dionisíaco unem as pessoas em outra base, diferentemente da

---

[9] Para seguir todo o período histórico dessa evolução, conferir R. Bianchi Bandinelli (org.), *Storia e civiltà dei greci*, vol. I (principalmente pp. 228ss.) e vol. VI (principalmente pp. 573ss.) (Milão: Bompiani, 1979).

* Cultual, referente a culto. *Thiasos*, em grego, designa um grupo de adoradores de Dioniso, ou os companheiros de Dioniso, em geral Sátiros e Mênades, que o acompanham em suas peregrinações míticas. (N. do T.)

política, que em *As bacantes,* de Eurípedes, mina o poder político e destrói a autoridade da pólis.

Trata-se, quase, de duas ordens sociais contrapostas: a primeira, "o social, que tem uma consistência própria, uma estratégia e uma finalidade"; a segunda, "uma massa na qual se cristalizam agregações de toda ordem, pontuais, efêmeras e de contornos indefinidos".[10]

Das tribos clássicas, estáveis e perenes, passamos a um novo tipo de tribo. São "nebulosas afetivas" (note a semelhança com a espuma urbana de Sloterdjik, com a cidade nebulizada de Nancy, com a poética do *flou* e da evanescência nas arquiteturas de Nouvel). Para o indivíduo contemporâneo, mais do que aderir a uma tribo, agregar-se a um bando, uma família ou comunidade, trata-se, sobretudo de um ir e vir contínuo de uma tribo a outra. Fluidez, encontros e dispersão são as características pós-modernas das novas tribos. O conceito de associações provisórias, tão presente na literatura mais recente sobre cidade e local (de Saskia Sassen a Bruno Latour), está inserido aqui. Na dinâmica dos grupos tribais que ocupam o espaço urbano das megalópoles, Maffesoli encontra as bases para confirmar o seu postulado, isto é, que *a constituição em redes dos microgrupos contemporâneos é a expressão mais bem-sucedida da criatividade das massas.*

---

[10] M. Maffesoli, *Le temps des tribus*, cap. IV (Paris: Librairie des Mèridiens/Klincksieck et Cie, 1988), pp. 110-154.

A criatividade, no passado concentrada em locais fechados – pirâmide, castelo, empresa, tecnoestrutura –, difunde-se e se propaga atualmente por meio de redes fluidas.

É o pertencimento a um fluxo, não a fidelidade a um grupo, que é salientado, como nas rodovias norte-americanas observadas por Baudrillard, ou nas peregrinações animais aos lugares de consumo de massa que já preparam os não lugares de Augé.

Enfim, o quarto círculo do pertencimento social, o mais exterior, indica a *aldeia*,* em sua origem indo-europeia, "uma coletividade de homens, a mais ampla da ordem tribal, e daí para a área territorial".[11] A reconstrução linguística da palavra (*dahyu* significa aldeia, *dasyu* significa escravo estrangeiro) diz que essa coletividade de homens pode assumir uma conotação hostil, isto é, indicar uma alteridade, uma contraposição. Como no par latino *hospes-hostis* e no termo grego *xenos*, as palavras para estrangeiro, hóspede e inimigo apresentam, em sua ascendência, fortes conexões. Trata-se de limites recíprocos entre povos que se olham e se denominam, que são amigos-inimigos. "Encontramos dezenas de povos que se autodenominam 'os homens'; cada povo afirma-se,

---

* Em italiano *paese*, palavra que denomina tanto a aldeia, o vilarejo, a unidade camponesa, como também a região, o território e até a nação, ou seja, o *país*. O *paesano* é o camponês, mas também a pessoa originária do território nacional, ou *patrício*. (N. do T.)

[11] E. Benveniste, *Il vocabolario delle istituzioni indoeuropee*, vol. I, cit., p. 245.

assim, como uma comunidade que possui a mesma língua e origem e se opõe implicitamente aos povos vizinhos."[12]

Quatro círculos sociais concêntricos, do mais restrito ao mais amplo, até da definição dos limites com outros povos. Grupos sociais que assumem cada vez mais uma dimensão espacial.

E na modernidade? Não podemos aqui deixar de nos referirmos a Simmel, que dedica páginas decisivas à proximidade e à distância espacial. Especialmente em *Sociologia* (1908), ele retoma a ideia da intersecção dos círculos sociais.

No início, havia apenas coexistências acidentais no espaço e no tempo. Somos obrigados a coexistir com aqueles que casualmente estão próximos de nós. Mais tarde, desenvolvem-se formas mais livres de associação: elementos constitutivos homogêneos extraídos de círculos heterogêneos atraem-se reciprocamente. Criam-se assim "novos círculos de contato" e passou-se, por exemplo, do vínculo de proximidade local e fisiológica (a nacionalidade baseada naquela em que se distinguiam os estudantes das universidades, as cidades para os trabalhadores reunidos nos sindicatos) a um vínculo de finalidade (a faculdade universitária, o ofício profissional), que implica maior liberdade de escolha individual. Note que, para Simmel, a identidade local, citadina ou nacional implica um fechamento e uma exclusão daqueles que

---

[12] *Ibid.*, p. 284.

vêm de fora. Os novos círculos de contato são, assim, uma confirmação do processo de superação definitiva do grupo genético-parental, que havíamos já observado em ação na cidade antiga. Enquanto isso, são formados novos círculos que indicam uma estrutura mais refinada da sociedade, por exemplo, as comunidades de intelectos no Renascimento e a liga das cidades hanseáticas. Em ambos os casos, são oferecidos ao indivíduo círculos de pertencimento além de sua cidadania: pertence-se à república dos doutos ou à rede marítimo-mercantil que se estende além do império. Na modernidade, a coesão orgânica dos círculos é suplantada pela construção mecânica: pertence-se por regulamentação, conforme a finalidade, e esse mecanismo favorece tal finalidade mais do que qualquer outro critério de pertencimento. "Manifesta-se aqui o conceito de técnica."[13]

Atualmente, a circunferência de nosso pertencimento parece ter se dilatado por abolir a proximidade física e por selecionar exclusivamente a escolha possibilitada pela tecnologia, ou seja, as comunidades virtuais.[14]

A CIDADE EM CÍRCULOS

Tomemos qualquer modelo de cidade ou mesmo de vilarejo, dos mais antigos estabelecimentos urbanos até

---

[13] G. Simmel, *Sociologia* (Milão: Edizioni di Comunità, 1989 [1908]), p. 389.
[14] Conferir W. J. Mitchell, *La città dei bits. Spazi, luoghi e autostrade informatiche* (Milão: Electa, 1997).

aqueles da urbanística do século XX. Veremos que se trata, quase sempre, de um sistema de círculos concêntricos. A mesma planta circular caracteriza – apenas para fixar alguns exemplos conhecidos – o modelo de ocupação em vilarejos na Germânia alto-medieval que Max Weber ilustrou nas lições de Munique, mais tarde compiladas em *História geral da economia*, em 1923.[15]

Uma série de círculos: centro da aldeia que contém as casas da colônia irregularmente distribuídas e ligadas por tortuosas ruelas; anéis, cercados de zonas cultivadas com hortas, uma para cada casa da colônia; terra arável subdividida em seções e faixas distribuídas igualmente entre os camponeses da aldeia; pastagens comuns, bosque; adiante, nada além do que veredas, pois ainda não existiam estradas de comunicação. Tipo ideal de todo sistema local fechado, que sobreviveu na unidade rural da região do Alto Ádige, de toda comunidade primordial sem troca mercantil nem circulação monetária. Comunidade autossuficiente e autárquica que se disseminou por grande parte da Europa, da Escandinávia à Baviera, até se localizarem sob a forma de grandes vilarejos ao longo de eixos de estradas. Na verdade, o isolamento da aldeia, a falta de circulação tanto de pessoas quanto de mercadorias e dinheiro contradizem a ideia de cidade em sua essência.

---

[15] M. Weber, *Storia economica. Linee di una storia universale dell'economia e della società*, trad. C. Trigillia (Roma: Donzelli, 1997).

CÍRCULO

O modelo da *social city* de Howard (1898) – depois renomeada de forma reducionista para cidade-jardim –, que originou o protótipo de toda cidade planejada do século XX, é também um sistema de círculos. Porém, não mais num mundo fechado e centralizado, e sim pluricêntrico e potencialmente pronto à expansão, à replicação ordenada. Um círculo central, a *central city*, e em volta colocados numa distância regular seis círculos menores, que correspondem aos novos núcleos urbanos, surgem por polinucleação, com nomes clássicos e bucólicos como Concord, Garden City, Gladstone, Iustitia, Rurisville, Filadélfia. Os novos núcleos são interconectados entre si e com o centro que lhes deu origem por uma ferrovia circular e por um canal intermunicipal, também circular. A mobilidade é importante, já que é a função dominante da cidade, mas é reconduzida ao sistema de transporte coletivo, e não ao privado automobilístico. O transporte ferroviário, potencialmente metropolitano, evita o desgaste do solo e o congestionamento. O modelo contém os elementos potenciais de uma cidade metropolitana policêntrica que, porém, serão em larga medida aniquilados pela dispersão descontrolada das cidades, sem que esta tenha podido representar uma nova constelação urbana.[16] É um modelo biológico de colonização, literal e

---

[16] L. Mumford, *La città nella storia* (Milão: Bompiani, 1991[1961]), especialmente o cap. XVI.

tipicamente "metro-politano", um centro que funda colônias, concedendo ordem a um espaço.

De fato, era também circular o modelo ecológico de cidade da Escola de Chicago, famoso devido ao livro de Park, Burgess e McKenzie (1925).

No centro há um *loop* circundado por anéis: a zona de transição, na qual se aglomeram as comunidades de recentes imigrantes, as zonas do vício e do gueto; a zona das casas operárias, onde se instalam os imigrantes da segunda geração; mais externa, a zona residencial de apartamentos, moradias individuais e bairros altos. Até mesmo a ecologia humana fortemente seletiva e darwiniana da metrópole norte-americana respeita a forma circular.

Circulares e semicirculares são os espaços, autônomos e fiéis ao modelo de ocupação em miniatura de Arconsanti e a comunidade concebida pelo arquiteto Paolo Soleri, em construção no deserto do Arizona desde 1970. Neste, o estabelecimento segue regras precisas: a orientação, o uso dos materiais, o consumo energético e as formas circulares são baseados na ideia de organismo vivo. Não existem criaturas planas, observa Soleri. Talvez ele estivesse pensando na Flatlandia ou na vulgata "o mundo é plano". Na comunidade circular de Arconsati – último experimento realizado, de uma longa tradição utópica – reencontramos a complexidade e a miniaturização que são próprias de cada natureza, um experimento extremo de comunidade sustentável que se opõe aos erros sistêmicos e à futura catástrofe ecológica. Último experimento realizado de uma longa tradição utópica. *Testemunho* ecológico *versus* isolamento continental de 300 milhões de pessoas é como Soleri estigmatiza o modelo norte-americano. No entanto, serve de modelo para novos bairros sustentáveis, como o bairro Sanpolino, em Bréscia, com 369 alojamentos para mil famílias, dos quais 20% são alugados a fim de favorecer uma *mixitè* social. Assim como o modelo de Arcosanti, o de Soleri foi projetado segundo um planejamento tipológico, funcional e social: possui creche, academia, auditório e ludoteca, a energia elétrica é obtida de painéis fotovoltaicos e coletores solares, e a ventilação permite a economia de energia. Tudo isso em plena planície do Pó, numa das áreas mais urbanizadas da Europa.

UTOPIAS CIRCULARES

Segundo relato de Heródoto, Ecbátana, capital da antiga Média, foi construída com uma série de sete muros concêntricos.[17] No último círculo, encontrava-se o palácio real, e o de maior área era tão grande quanto o perímetro de Atenas. Cada muralha tinha uma cor diferente (branca, preta, púrpura, azul, laranja, prata e ouro) e o conjunto das circunferências reproduziam a configuração planetária proposta pelos astrônomos persas. A cidade, com sua forma circular, corresponderia à ordem celeste.

---

[17] Heródoto, *Histórias*, I, 98 (Milão: Garzanti, 1999), p. 113.

Forma que certamente inspirou outros relatos urbanísticos. Platão, em "Crítias" – obra final e incompleta do ciclo da criação do mundo –, relaciona a antiga Atenas a Atlântida. Nesse relato, a disposição urbanística da Atenas antiga é distinta daquela que possuía em seu tempo: a Acrópole é muito mais ampla e sua extensão é quase a de planície. Era habitada por artesãos e camponeses que cultivavam a terra, porém a parte alta, dedicada aos deuses Atenas e Hefestos, era ocupada pelos guerreiros que haviam construído um muro ao redor do terreno, "quase como se fosse o jardim de uma só casa".[18]

Atlântida, a ilha que coube a Poseidon, foi escavada pelo deus em volta da parte mais alta de uma região "formando círculos concêntricos, alternadamente de mar e de terra, ora mais ora menos largos: dois de terra e três de mar, como se fossem circunferências tendo a ilha como centro". Certamente, há um significado simbólico nessa tríplice muralha e nos canais de intersecção. Segundo Guénon (que encontra seus traços também em outros contextos), a interpretação estaria ligada aos três graus de iniciação traçados em volta do centro, sendo os canais vias de ensinamento da doutrina tradicional.[19] Do ponto de vista urbanístico, porém, a função defensiva das muralhas é explícita, tornando-se um lugar inacessível aos homens. A sucessiva expansão do poder da

---

[18] Platão, "Crítias", em Platão, *Tutti gli scritti*, org. G. Reale (Milão: Bompiani, 2000), pp. 1.424ss.
[19] R. Guénon, "La tríplice cinta druidica", em R. Guénon, *Simboli della scienza sacra* (Milão: Adelphi, 1975 [1926]), pp. 76ss.

CÍRCULO

mítica ilha, até o domínio de muitas outras dispersas em territórios aquém das colunas de Hércules, leva ao seu crescimento urbanístico, que é minuciosamente descrito. Esse é o paradigma de toda expansão metropolitana, de toda cidade-mãe que se expande, da criação de colônias. Em primeiro lugar, são cobertos os anéis de mar que circundavam a antiga metrópole, fundada por Poseidon, com pontes que criam uma via de comunicação do centro com o exterior. Depois, escavou-se um porto-canal que do exterior permitia o acesso das naves de grande porte: as faixas de terra que separavam as de mar foram abertas para permitir a passagem dos navios. Dessa forma, foi criado um sistema de cinturões, exatamente o protótipo de todo anel (*belt*, *ring*) das cidades na história. Cada um dos pares de faixas sucessivas, de terra e de mar, tem a mesma largura: primeiro a circunferência mais larga cheia de água, depois uma de terra, seguida de outras duas alternâncias de água e mar, sendo que o último anel formava um canal que circundava a ilha central. Todo o conjunto – a ilha, os cinturões e as pontes – foi totalmente circundado com muralhas de pedras brancas, pretas e vermelhas, extraídas da ilha central e dos anéis externos e internos. O recinto da muralha do cinturão mais exterior foi revestido de bronze, em todo o seu comprimento, tratado como se fosse argamassa. O recinto interno foi recoberto com estanho, e aquele voltado em direção à Acrópole, com oricalco de reflexos flamejantes. O palácio real dentro da Acrópole era cercado com um muro de ouro.

Se forem evidentes as semelhanças entre Ecbátana e Atlântida, evidencia-se também a diferença: a mítica ilha, protótipo de toda utopia, é circundada pelo mar, que ao mesmo tempo a protege e a conecta.

> Quem tivesse atravessado os três portos externos encontraria um cinturão de muralhas que, partindo do mar, distava em cada ponto cinquenta estádios do círculo e do porto maior, e fechava-se no mesmo lugar, nas adjacências da embocadura do canal que dava para o mar. Este encerrava uma zona densamente edificada, enquanto o canal e o porto maior estavam repletos de embarcações e de comerciantes vindos de todas as regiões; seu número era tamanho que dia e noite havia um vozerio, um movimento e um rumor feito de mil ruídos.

A descrição é a de uma cidade global: intersecção de fluxos mercantis e densidade habitacional parecem já indicar as linhas da sucessiva abertura da cidade.

É fácil compreender quanto o modelo utópico irá influenciar a forma urbana:

> Na época de Clístenes, Atenas apresenta-se como o centro de um espaço político constituído, bem como daquela zona central (*asty* e arredores), por uma faixa mediana (a *misogeia*) e de uma mais exterior (a *paralía*): espaço em certo sentido circular, que não se apresenta como suscetível de uma infinita expansão,

como é, ao contrário, característica das cidades com planta ortogonal.[20]

Busca-se a expansão, na época posterior às guerras persas, justamente por meio da criação de um porto, o Pireu, e através de novas muralhas que irão ligar os dois núcleos, urbano e portuário, numa "cidade bicípite".

A CIDADE-COROA

Se nas cidades ideais a forma circular é a norma, de Platão e Santo Agostinho ("por via da conformidade e da concordância de suas partes")[21] a Campanella (cuja Cidade do Sol é composta por sete círculos concêntricos unidos por quatro estradas radiais, triunfo da racionalidade geométrica), mesmo nas formas concretizadas de cidades o círculo domina. Desde Vitrúvio, que pensa numa cidade de planta circular adaptável aos ventos, atento aos benefícios defensivos, religiosos e até de comodidade, até a arquitetura militar e civil do Renascimento italiano (projeto de Filarete para Sforzinda, *Arquitetura de fortificações* de Buonaiuto Lorini e *A ideia universal da arquitetura* de Scamozzi).[22]

---

[20] D. Musti, *L'urbanesimo e la situazione delle campagne nella Grecia classica*, em R. Bianchi Bandinella (org.), *Storia e civiltà dei Greci*, vol. VI (Milão: Bompiani, 1990), p. 241.
[21] Santo Agostinho, *De quantitate animae*, cap. XVI.
[22] W. A. McClung, *Dimore celesti* (Bolonha: Il Mulino, 1987), pp. 80ss.

Será, porém, a cidade moderna, burguesa e popular, que irá reapresentar plenamente o círculo como modelo de circulação e ao mesmo tempo de fechamento. O *ring* de Viena, os três anéis de Moscou e a *périphérique* de Paris pertencem à mesma visão de cidade.

No século XX, a forma circular é retomada pela cidade-coroa, a *stadtkrone* de Bruno Taut,[23] e por suas *siedlungen* circulares.[24]

Sua produção é impressionante: em Berlim, entre 1926 e 1931, dos 150 mil edifícios construídos, 14 mil são moradias projetadas por Taut, ou inseridas em algum projeto detalhado do arquiteto.[25] São moradias sociais, para cooperativas e sindicatos operários, sempre atentas à *forma urbis*, as formas dos bairros, mas não se baseavam na repetição e banalização. Ademais, Taut foi, antes de tudo, o criador do pavilhão da Exposição de Leipzig, em 1913, e do palácio de vidro do Werkbund de Colônia, em 1914, avançadíssima pesquisa formal na qual é reiterada a presença de formas circulares, esfera e cúpula. A cúpula é também a casa como máquina de moradia de Carl Fieger (1925): um térreo circular entendido como o espaço mais econômico para a distribuição das funções de moradia. Tratava-se de colocar em práti-

---

[23] Conferir B. Taut, *La dissoluzione della città* (Faenza: Faenza Editrice, 1976[1919]), e B. Taut, *Modern Architecture* (Nova York: A. & C. Boni, 1929).

[24] B. Taut, *Bauen der Neue Wohnbau* (Leipzig/Berlim: Verlag Klinkhardt & Biermann, 1927).

[25] G. K. Koenig, "Introduzione", em B. Taut, *La dissoluzione della città*, cit.

ca as ideias da casa máquina-moradia de Le Corbusier e a de Loos, que reflete sobre os espaços habitacionais mais adequados ao homem moderno – o tão simmeliano "homem com os nervos modernos" –, que deveriam ser espaços horizontais e móveis baixos, interiores "japoneses" e funcionais para a nova cultura do habitar.

Stadtkrone, a nova cidade, está inserida num círculo de cerca de 7 quilômetros de diâmetro.

No centro, um espaço retangular (a coroa) servido por artérias de circulação rodoviária e ferroviária que não atravessam, apenas tocam a coroa formando grandes arcos. Entre a estação e o centro se desenvolvem as funções urbanas superiores, enquanto as fábricas, para dispersar menos a poluição, se estendem pela periferia a leste. Dois eixos rodoviários em diagonal conduzem à estação. A oeste, de onde sopram os ventos, um grande parque circular entra na cidade, comunicando o centro com o campo. No centro do parque encontra-se a universidade, um pouco fora, os hospitais, enquanto as escolas são distribuídas por toda a área urbana. Os bairros habitacionais são dispostos no eixo norte-sul para beneficiar-se da luz solar. A cidade pode hospedar 300 mil habitantes e, em caso de expansão, além do cinturão verde periférico, chegar aos 500 mil. Há clara separação entre ruas de bairro e artérias de tráfego, como nas cidades-jardim. Porém, a inovação de Taut está no centro, onde quatro grandes edifícios se cruzam para acolher as atividades artísticas e de entretenimento – salas de ópera, museu e biblioteca, arcos e pátios, aquários e estufas, jardins e restaurantes – e centros comerciais para que a arte não seja fechada e restrita, mas penetre a cidade. Funções abertas e distribuídas sem separações, como se fossem lugares-organismos. Sobre a base dos quatro grandes edifícios, fica a casa de cristal, um universo de formas onde, uma vez na plataforma superior, "o passeador solitário prova a felicidade da arquitetura"[26], uma arquitetura para os homens de conhecimento que Nietzsche invocava na *Gaia ciência*.

Taut construiu uma utopia, mas também projetou a cidade-jardim em volta de Berlim. Sua análise é atenta às exigências práticas, ao cálculo econômico da renda fundiária, às vantagens da construção de novas cidades que interceptam os fluxos econômicos reais. É densa em cálculos econômicos e diligente ao indicar os benefícios e os custos, sendo que a vantagem de reunir as funções urbanas superiores e reduzir os custos, sobretudo viários, causados por um sistema urbano desarticulado estão bem presentes. As vantagens da cidade compacta podem tornar conveniente a coroa da cidade e até mesmo absorver o custo da casa de cristal, que é "sem utilidade".

A forma circular continua a aparecer nos trinta desenhos de *A dissolução das cidades*, nos quais se afirma uma utopia para o terceiro milênio. No entanto, "não é talvez o 'seguro', a 'real' utopia que nada no pântano da ilusão e dos hábitos preguiçosos, não é talvez o conteúdo de nosso

---

[26] B. Taut, *Une couronne pour la ville. Die Stadtkrone* (Paris: Éditions du Linteau, 2004), p. 94.

desejo o verdadeiro presente que se apoia sobre a rocha da fé e do conhecimento!"[27] Dessa forma, "as grandes aranhas – as cidades – são apenas a lembrança de um tempo remoto, e de seu estado".[28] Deixai que desmoronem as casas de pedra – as "construídas vulgaridades" – e surjam as cooperativas de trabalho, agrícolas e de bairro, os centros produtivos próximos a blocos centrais porém dispersos, ligados por sinuosas redes viárias e fluviais. Cuja amplitude das malhas é proporcional à dispersão pelo território. Viajar mesmo já vivendo dispersos? Nenhuma centralização, mas sempre que possível a descentralização por todo o território. Uma região de jardineiros do vidro, casas ecológicas com reservatórios de água e aquecedores solares móveis também compõem a *glas architektur*.[29] Quanto mais os homens estão distantes, melhor eles vivem uns com os outros. Comunidades e indivíduos se reencontram num mundo de variedade e sem barreiras desenhado por Taut: formas circulares em coroa, como flores ou estrelas, compõem a sociedade imaginada por ele. Uma sociedade inspirada pela fluidez e pelo espaço de trânsito, uma sociedade também transparente.

Taut afasta-se de todo *nomos* da terra, de todo pasto cercado e praticamente dá origem à ideia do fim dos ter-

---

[27] Idem, *La dissoluzione*, cit., p. 63.
[28] *Ibid.*, p. 27.
[29] P. Scheerbart, *Architettura di vetro* (Milão: Adelphi, 1982[1914]). Scheebart é o autor em que Taut se inspira e que chamará a atenção de Benjamin como um profeta da "transparência" que será a tendência da moradia do futuro.

ritórios no sentido do espaço liberado de qualquer fechamento. A arquitetura de vidro tinha em si este impulso:

> Vivemos principalmente em espaços fechados, que constituem o ambiente no qual se desenvolve a nossa civilização. A civilização é, em certa medida, um produto da arquitetura. Portanto, se quisermos elevar o nível de nossa civilização, seremos obrigados, voluntariamente ou não, a subverter a arquitetura. E o conseguiremos apenas eliminando a reclusão dos espaços nos quais vivemos.[30]

O *nomos* da terra, ligado ao recinto, é aquilo que está no interior dessa cerca circular. Estamos além do velho *nomos* da terra, ao qual é dedicada a filosofia política de Schmitt: "O anel em volta, o cinturão formado por homens, o *mannring*, são formas originárias da comunidade de culto, jurídica e política.[31]

Taut pacifista, Schmitt à procura de espíritos pacíficos, "no quadro da convivência dos povos no planeta".[32]

CIRCULAÇÃO

Desde o labirinto, a forma circular acompanha a história da civilização. Segundo Guénon, o labirinto tem um profundo significado iniciático, pois permite ou impede

---

[30] P. Scheerbart, cit., p. 15.
[31] C. Schmitt, *Il Nomos della Terra* (Milão: Adelphi, 1991), p. 65.
[32] *Ibid.*, p. 71.

o acesso a um local no qual nem todos podem penetrar. O labirinto indica uma seleção, uma viagem reservada a eleitos rumo a um centro espiritual, por exemplo, o labirinto de Creta estaria representado nas portas do Hades que se erguem diante de Eneias.

No mundo antigo, as novas fundações de cidades eram estabilizadas com o traçado de espirais ou círculos em torno das mesmas, revelando-nos a verdadeira identidade do labirinto.[33] Na cidade, prossegue o uso do labirinto como meio de defesa e de proteção. A urbanística antiga apodera-se do labirinto esquecendo-se de seu significado simbólico, usando-o de forma "tática" na entrada de cidades ou outros locais fortificados.

Na modernidade, segue "o caráter labiríntico da própria cidade; a imagem do labirinto penetrou a carne e o sangue do *flâneur*".[34] Em Benjamin, sob a forma de estradas, metrôs e *passages*, a cidade como labirinto continua atualmente na escala alargada da cidade-região contemporânea, que, como mostram os estudos de Boeri, Lanzani e Marini, expressa a desorientação da moradia numa escala agora global.

> Fomos especialmente afetados pela extraordinária expansão dos manufaturados na planície milanesa-lombarda e pelo desenho irregular de sua disposição

---

[33] R. Guénon, "La caverna e il labirinto", em R. Guénon, *Simboli della scienza sacra*, cit., pp. 177ss.
[34] W. Benjamin, *Angelus novus* (Turim: Einaudi, 1995), p. 142.

no solo; uma disposição imprevista, que inicialmente parece, na maioria das situações, casual.

A paisagem, na qual o *flâneur* havia transformado sua cidade, torna-se configuração caótica e desambientada. Torna-se, precisamente, um labirinto.

O antigo jardim dos erros – o jardim dos caminhos que se bifurcam, em Borges – tinha formas circulares, espirais que se deslocam por sua regularidade repetida. Aqui se repete uma única paisagem vivenciada enquanto se move, como "lugares que escorrem".[35]

A mobilidade e a circulação parecem ter chegado a um resultado que é a perda de toda referência, simples fluxo. As novas visões do labirinto são semelhantes às fotografias do tráfego, tiradas à noite, de maneira que "as luzes dos carros que passam criam um volume virtual", como antecipou Moholy-Nagy em *The New Vision*, 1938.

Moholy-Nagy escreveu sobre a procura de uma dimensão desmaterializada da arquitetura – do material ao imaterial por meio da arquitetura de vidro –,[36] e sobre as primeiras investigações a respeito do virtual, graças à transparência possibilitada pela fotografia, induzidas pelas novas dinâmicas das metrópoles. Quase uma antecipação da cidade virtual.

---

[35] S. Boeri, A. Lanzani e E. Marini, *Il territorio che cambia* (Milão: Aim--Abitare Segesta, 1993), pp. 17-47.
[36] O apelo está de novo no texto de Scheerbart.

A nova visão, futurista e tecnológica, porém, está ainda inspirada na ideia de uma unidade, que reconquista um "homem inteiro", e um planejamento social integrado, uma planificação pelo projeto.[37] As formas circulares do labirinto retornam nas fotografias do tráfego e na elaboração, pelo último Bauhaus, do caráter fungível da luz moderna, sobre a transparência e sobre a ótica, sobre a investigação de uma nova "visão em movimento" (título do último texto de Moholy-Nagy, publicado postumamente em 1947).

A investigação da forma encontra-se com a descoberta da nova dimensão metropolitana, com a total compreensão do papel da técnica na vida moderna. No entanto, o autor não renuncia à busca da unidade, ao apelo final de que "o conhecimento diverso dos especialistas poderia facilmente ser unido e sintetizado numa coerente unidade dotada de um objetivo focado nas finalidades sociobiológicas".[38] Um humanismo filotecnológico que busca dar sentido à plena utilização da técnica em todos os campos, da cultura física à moradia, da alimentação à indústria. Quase uma resposta à *Carta sobre o humanismo* (1947) de Heidegger, na qual ao homem já esquecido do *ser* só resta ocupar-se das *coisas,* manipulando-as e transformando-as, até sua autoassimilação a elas.

---

[37] J. Albers & L. Moholy-Nagy, *From the Bauhaus to the New World* (Londres: Tate Publishing, 2006), pp. 96-97.
[38] L. Moholy-Nagy, *Vision in Motion* (Chicago: Paul Theobald Publisher, 1947), p. 360.

A ESFERA DE PASCAL

Em *Outras inquisições*,[39] Borges especula que a história universal seria a história de algumas metáforas e de sua diversa entonação no decorrer do tempo. A esfera, de Parmênides e Platão até Giordano Bruno, é metáfora geométrica de Deus e do universo que se configura de acordo com ele. Algum tempo depois, a partir do século XVII, "os homens sentiram-se perdidos no tempo e no espaço". "Se todo ser equidista do infinito e do infinitesimal, tampouco haverá um onde", observa Borges, e conclui recordando a esfera de Pascal, que é testemunha dessa perda. Pascal também repete a metáfora da esfera, apesar de fazer com outra entonação; para o filósofo, "a natureza é uma esfera infinita, cujo centro está em toda parte e cuja circunferência, em nenhuma". Segundo Borges, essa declaração demonstra o "peso incessante do mundo físico, vertigem, medo e solidão" e explica como Pascal hesitou em descrevê-lo como "uma esfera assustadora".

É essa perda do quando e do onde que chega até nós sob a forma do mundo físico, a cidade-região contemporânea. Não se trata apenas da perda de um lugar físico, e sim de um "lugar, por humilíssimo que seja, na ordem do universo".[40]

---

[39] J. L. Borges, *Altre inquisizioni* (Milão: Feltrinelli, 1983), pp. 12ss.
[40] *Ibid.*, p. 40.

O atual cidadão da cidade é aquele efêmero que já habitava a cidade de Rimbaud:

> Sou um efêmero cidadão, não muito descontente, de uma metrópole considerada moderna porque todo estilo reconhecido foi excluído das mobílias e do exterior das casas, bem como do plano da cidade.[41]

Efêmero, sem duração ou de hábitos breves, é o indivíduo sem alicerces na metrópole. No entanto, se deve considerar que a própria metrópole abandonou seus alicerces. Gregotti observa que os princípios fundadores chegam "a se chocar com os pontos de vista não só da dispersão (a cidade-região, a cidade difusa, etc.), mas com a própria ideia de dissolução na cidade, na invisibilidade da informação, na hipercidade".[42]

Boeri, Lanzani e Marini tentaram especificar os novos princípios de estabelecimento do território em mutação por meio de seis famílias que receberam um nome metafórico: "atratores lineares", "máquinas híbridas", "ilhas", "áreas de repetição", "cunhas", "processos de metamorfoses".[43] Trata-se das primeiras sugestões para reescrever o léxico das formas de povoamento da época atual. Certamente, naquele momento, era mais uma

---

[41] A. Rimbaud, *Città*, em A. Rimbaud, *Illuminazioni* (Milão: Se, 1986), p. 51.
[42] V. Gregotti, *Identità e crisi dell'architettura europea* (Turim: Einaudi, 1999), p. 113.
[43] S. Boeri, A. Lanzani e E. Marini, *Il territorio che cambia*, cit., pp. 49ss.

leitura morfológica que uma análise fisiológica. De fato, o próximo passo deveria ser o de se refletir quais os modelos de circulação de fluxos tencionamos criar quando o espaço torna-se essencialmente um território de fluxos em vez de lugares.

A CIDADE-MOLDURA

Atualmente, assistimos a uma verdadeira crise espacial. A cidade, em sua dimensão metropolitana, não consegue mais ordenar – e tampouco quem a governa é capaz de "dar ordens" – o espaço ao seu redor. Emergem conflitos pelo espaço no qual desempenham papel determinante atores globais interessados em circuitos transnacionais, enquanto Estados e governos locais perdem a soberania sobre o espaço dos fluxos.[44] Se, ainda no século XX, pensou-se ser possível planejar racionalmente os espaços urbanos, hoje percebe-se – primeiro do ponto de vista habitacional e residencial, depois no que se refere às funções produtivas, terciárias e comerciais – a falência daquelas políticas. A arquitetura moderna havia proposto uma cidade vertical com o objetivo de reduzir o consumo de espaço urbano, mas os problemas da dispersão humana estão ainda por resolver. Quais são as soluções? Em vez de fazer que a cidade cresça de forma contínua segundo lógicas espontâneas, seria preferível conectá-las

---

[44] N. Brenner, *New State Spaces* (Oxford: Oxford University Press, 2004).

em rede com a construção de subsistemas territoriais, verdadeiras redes de cidades. Desse modo, evitaria-se, por exemplo, a duplicação das funções (terciárias, direcionais, comerciais e residenciais). A cidade readquire uma geometria própria. Essa é uma moldura. O que exatamente enquadra essa moldura? Como é construída? Sua geometria varia de acordo com as diversas funções que desempenha, e cada função alimenta fluxos que passam através de portas. A função logística, por exemplo, pressupõe uma moldura muito ampliada pelo fato de a cidade se estender bem além de suas fronteiras, chegando a promover ou atrair circulações de fluxos de mercadorias muito maiores do que o próprio território administrativo. Nesse âmbito logístico, a regulação dos fluxos de pessoas, mercadorias e serviços relacionados, estende-se na cidade-região e até ultrapassa seu limite. Num futuro próximo, a fiscalização e regulação dos fluxos logísticos será entregue a satélites que seguirão os movimentos de milhões de veículos. Cada vez mais a circulação terrestre exigirá um monitoramento aéreo. O panóptico será deslocado para o espaço.

Outras funções, como as de exposição e de feiras, apenas na aparência possuem âmbitos territoriais mais restritos – na realidade, organizam fluxos globais de empresas expositoras e visitantes do mundo inteiro –, e como o turismo, que organiza fluxos globais – um em cada quatro habitantes do planeta é um turista. Segundo a Organização para a Segurança e Cooperação na Europa (OSCE – Organization for Security and Cooperation in Europe), a indústria turística é aquela que mais cresce no mundo.

Existem também funções que agem essencialmente nos fluxos imateriais (pesquisa, universidades, cultura, arte, sistemas da criatividade), que estão instalados nas cidades e são relançados em todo o mundo, já que o conhecimento tem certamente alcance de escala global.[45]

A cidade representa um *frame*, uma moldura essencialmente cognitiva para fluxos que são propriamente a-territoriais, pois oferece quadros de referência e de interpretação a atores múltiplos e deslocalizados, dispersos e fragmentados. Simmel e Goffman já afirmavam isso na época das metrópoles, mas atualmente devemos refazer um *frame analysis* da cidade. Talvez seja necessário redescobrir sua função essencial na época dos empreendimentos e das cidades-região globais.

Seria útil, aqui, remontar a Goffman, que fez dos *frames* dos contextos de interação, a principal passagem da escala microssocial a uma escala macrossocial. Porém os encontros (*encounters*), nos quais se traduz o tráfico social, se desenvolvem nas rotinas espaço-temporais e em dimensões espaciais mais amplas do que no contato face a face.

---

[45] Sobre cada um desses aspectos existe uma vasta literatura. Entre as mais relevantes, encontra-se a produção do Groupe de Recherche Européen sur les Milieux Innovateurs (Gremi). Uma tentativa de aplicar as categorias das funções, dos fluxos e das portas à área metropolitana milanesa está sendo feita pela associação Globus et Locus.

CÍRCULO

Os círculos da cidade antiga e da metrópole moderna eram formas de organização do espaço, fixados dentro e fora entre cidade e campo, entre as diversas zonas ecológicas da cidade. Os círculos sociais eram também ordens coletivas para se obterem percursos individuais entre rotinas padronizadas. O desenvolvimento da cidade, observa Giddens, possibilitou a maior extensão espaço-temporal.[46]
Atualmente, as cidades mudam a natureza das conexões entre o próximo e o remoto no tempo e no espaço. Nas formas da cidade-região, da cidade global e da cidade-rede, elas representam um novo sistema conectivo – não mais circunscrito pela dimensão local – para que possam esclarecer as diversas colocações dos indivíduos em coletividade, não limitadas pela copresença nem pelo pertencimento no poder estatal-nacional. Giddens observa que os contextos do cotidiano são bem mais importantes para a reprodução de continuidades institucionais de larga escala do que a identificação com a região ou a nação. A cidade-território é hoje a moldura na qual nossa vida se desenvolve, entre local e global.

O CÍRCULO DE TOCQUEVILLE

Há em Simmel a ideia de que o desenvolvimento progressivo abrirá caminho à reunião do homogêneo a partir

---

[46] A. Giddens, *The Constitution of Society* (Oxford: Polity Press, 1984), pp. 143-144.

de círculos heterogêneos.⁴⁷ Nas sociedades livres prosperam os círculos, nas religiões livres multiplicam-se as seitas. A sociedade, em vez de obrigar a massa à homogeneidade, favorece a multiplicação de círculos heterogêneos. Como de costume, Simmel estava adiante de seu tempo, ao escrever sobre o mundo atual. O século XX caminhou, em larga medida, em direção à homologação, antes autoritária e depois sistêmica, dos comportamentos sociais. A grande linha divisória antiautoritária dos anos 1960 e 1970 forneceu certamente um impulso. Em 1980, o ensaio "Authority", de Richard Sennett, traz uma reflexão sobre os laços afetivos da sociedade: autoridade, fraternidade, solidão e ritual. Nesse texto, a autoridade é o vínculo entre desiguais, enquanto a fraternidade é o elo entre semelhantes, e o ritual é a ligação entre pessoas unidas, sejam ou não iguais. Sennett indaga sobre que gênero de comunidade existe nas condições espúrias e discordantes em que vivemos. Uma sociedade na qual somos livres para não acreditar nas autoridades e poder expressar essa incredulidade. Mesmo assim, permanecemos indivíduos insatisfeitos porque privados da atenção e do cuidado que continuamos a esperar dessas autoridades.

Na origem de nossa insatisfação está aquela incessante inquietação do indivíduo, analisada por Tocqueville, "que sempre o leva ao ponto de mudar de projetos e de

---

⁴⁷ G. Simmel, *Sociologia*, cit., p. 373.

lugar": o indivíduo que busca a autonomia é o paradigma da modernidade, é um desenraizado em potencial.

Os homens que vivem nos séculos democráticos nos quais ingressamos têm naturalmente o gosto pela independência, naturalmente suportam com impaciência qualquer disciplina e se cansam logo até mesmo do estado que desejam. Amam o poder, mas são inclinados a desprezar e a odiar aquele que o exercita, e fogem facilmente de suas mãos por causa de sua insignificância e de sua mobilidade.[48]

Tocqueville, no final, chega à conclusão de que o único antídoto dessa situação é obtido por meio da busca consoladora pela sociabilidade e pela amizade. Segundo o sociólogo, na expressão "cada individuo é isolado e fraco, a sociedade é ágil, previdente e forte" encontra-se o paradoxo da modernidade. "Em volta de cada homem está traçado uma circunferência fatal da qual ele não pode sair; porém, dentro desses vastos limites, o homem é poderoso e livre."[49]

No final do século XX, redescobrimos a atualidade de Simmel presente nos círculos e nos clubes informais das novas comunidades profissionais influenciadas pelo modelo do Vale do Silício, nos Estados Unidos, ou nas comunidades virtuais reunidas pela mídia eletrônica.

---

[48] A. de Tocqueville, *La democrazia in America* (Milão: Bur, 1998), p. 743.
[49] *Ibid.*, p. 747.

A tolerância em relação ao diferente, a formação de círculos heterogêneos avançam, ainda que com fortes resistências e retrocessos. Clube de criatividades, comunidades expressivas, "artistas" empreendedores, mas também grupos de executivos e redes de ação voluntária parecem desafiar a velha lógica das sociedades de massa. Ainda assim viemos de uma sociedade que, como Leopardi observa, é "mundo" no sentido negativo, no mau sentido. No qual o indivíduo, na multidão, é malvado e infeliz. No qual a única amizade é a que liga as pessoas por traições, fraudes e malevolência. No qual, "para enfrentar os homens, exige-se grande força braçal para dar socos e grande força pulmonar para gritar, esbravejar, falar, fanfarronear, ameaçar mais alto que os outros". No qual "não deve haver um homem diferente de outro, mas todos devem ser como tantos ovos, de forma que não se possa distinguir este daquele".[50]

A MASSA COMO CÍRCULO

A forma que a sociedade de massa tende a assumir foi explorada pela principal obra de Elias Canetti, *Massa e poder*, de 1960. Entre as possíveis geometrias das massas, aparece com especial evidência a massa como círculo.

---

[50] G. Leopardi, "Dialogo. Galantuomo e Mondo", em G. Leopardi, *Operette morali* (Milão: Hoepli, 1991), pp. 345 e 351.

Na *arena*, a massa com que se defronta está duplamente fechada, bem delimitada pelo exterior. É vista de longe. Sua localização na cidade e no espaço é conhecida. No exterior, a arena apresenta um muro sem vida. No interior, ao contrário, ela é animada, construindo literalmente um muro de homens. Todos os presentes na arena dão as costas à cidade, deixam para trás suas relações, regras e hábitos. Desde que a massa seja vertida para dentro, ela está sentada diante de si mesma e, assim, está fechada em relação ao exterior e em si, de forma dúplice.

Essa suspensão das regras da cidade é o que foi visto por Johan Huizinga no ensaio *Homo ludens*, em 1938. O jogo nos isola da vida ordinária, tanto no local como na duração. Ele ocorre dentro de limites de tempo e de espaço. A arena, mas também o círculo mágico, o templo, a cena teatral, a tela cinematográfica, todos são, em forma e função, locais de jogo: espaço delimitado, segregado, cercado, consagrado, no qual valem regras especiais. Mundos provisórios para uma ação conclusa em si mesma. Prevalece aí uma ordem própria e absoluta que parece estar situada no terreno da estética.

O jogo, porém, é também educação (*paideia*), e é regulado por normas. É uma espécie de academia na qual a sociedade é adestrada e na qual se compete (*ágon*), palavra que vem de reunião (*agorà*). Mas ainda compete-se por um prêmio (*athlon*, de onde surgiu a palavra atleta).

Aqui, a sociedade de massas reencontra suas raízes expressivas, um espaço consagrado ao treinamento da sociedade. A sociedade capitalista fez bom uso das ideias agonísticas e de competição. Atualmente, quando o esporte perdeu qualquer nexo com a dimensão cultual, mantém e incrementa seu papel de controle social. Nisso, o espaço desempenha um papel essencial. Como mostrou Augé, o estádio, a tela e a estrada se equivalem e se misturam. O estádio virtual que projeta o espetáculo mundial em quatro lados de um enorme cubo, os telões do lado de fora dos estádios e as estradas nas quais a multidão se despeja após o espetáculo são a expressão dessa ilusão (*in-ludo*) que o espaço reproduz em diversas escalas. Estamos distantes da arena como lugar de interação, onde se reúne em assembleia e as vozes dialogam na ágora. Aquela forma circular, na qual em turnos se concede a palavra, perdeu-se ou foi substituída por arenas competitivas direcionadas aos processos de seleção e controle social.[51]

---

[51] H. C. White, *Identity and Control. A Structural Theory of Social Action* (Princeton: Princeton University Press, 1992).

3

Borda

Não removerás os marcos de teu próximo, colocados pelos teus antecessores na tua herança que receberás, na terra que o Senhor teu Deus te dá para a possuíres.

Deuteronômio, XIX, 12.

FRONTEIRA

Platão, em *As leis*, obra instauradora na qual três sábios (um ateniense, um espartano e outro cretense) fundam uma nova cidade, notifica que ninguém desvia os limites de terra, nem se o vizinho for um concidadão, nem caso viva junto às fronteiras de Estado, se for um estrangeiro.

No texto platônico, em ambos os casos, o do limite privado ou o do político, o gesto de deslocar as fronteiras significa "mover aquilo que não pode ser movido". Trata-se de um confim sagrado, que assinala, na verdade, o limite entre a concórdia e a hostilidade. Por essa razão, Zeus coloca o confim na dupla condição de protetor da tribo e dos estrangeiros. Quem viola as fronteiras provoca a mais fatal das guerras e recebe uma dupla punição, divina e humana. Todos nos recordamos do assassinato de Remo, que tendo ultrapassado a fronteira foi punido com a morte. Mas a proteção das fronteiras abrange inúmeros ritos em Roma: sua tutela é confiada ao Deus Fidus, a Marte e ao deus Terminus.

Pedra de confim irremovível à qual está também ligada a origem da propriedade imobiliária. Disso falam autores diversos como Durkheim, Benjamin e Fustel de Coulantes, enfatizando a conexão entre *sanctum* e pedra tumular, e lembrando que o deus Terminus vigia a faixa de terreno que define os limites entre as casas.

A borda é, pois, uma zona de confim que anuncia a passagem de fronteiras. Esta "é anunciada sempre segundo o movimento de certo passo, e do passo que supera uma linha".[1] A linha é indivisível e instituições vigiam essa indivisibilidade (alfândega, polícia, etc.). Há um problema quando a linha que marca a borda é colocada em perigo, o que acontece desde o primeiro traçado, que pode instituí-la somente dividindo-a em duas bordas. Daqui nasce a *aporia*, "não passagem".

> É preciso que os princípios sejam acordados de uma vez por todas nos territórios que cada um deve administrar, e não haja aliança dinástica que possa des-

---

[1] J. Derrida, "*Finis*", em J. Derrida, *Aporie* (Milão: Bompiani, 1999), p. 11.

locar para a frente ou para trás as fronteiras assim estabelecidas, nem tratado que as possa movê-las. Cada um, de tal maneira, fará de tudo para conduzir à mesma prosperidade a parte que lhe tocou. Devendo dedicar cada pensamento seu àquela parte, buscará deixá-la aos próprios filhos o mais próspera possível. Ocorrerá assim que o bem-estar será difundido igualmente em todos os lugares.[2]

O apelo de Erasmo, que convoca a não ultrapassar os limites, em nome da paz e do bem-estar comum, deixa seu eco através dos séculos até a atualidade. Des-bordar: a cidade transborda, mas deve conhecer sempre a fronteira, que é limite de sentido. Em *Delirious New York* (1978), o arquiteto Rem Koolhaas, enlevado pelo elogio da cultura da congestão (e sem ver que é justamente esse o *problema* da metrópole), não sabe simplesmente o significado de "delirar". "Não há *civitas* que não seja *augescens*, que não se dilate, que não delire (a *lira* é o sulco, sinal que delimitava a cidade, delírio quer dizer sair da lira, andar além dos confins da cidade)."[3] Daí a intrínseca insensatez do conceito de cidade infinita: se realmente ela fosse infinita, teria perdido completamente o próprio sentido. Por outro lado, faz sentido que a ci-

---

[2] Erasmo de Roterdam, *Il lamento della pace* (Turim: Einaudi, 1990 [1517]).

[3] M. Cacciari, "Introduzione", em P. Perulli & M. Vegetti (orgs.), *La città. Note per um lessico socio-filosófico* (Mendrisio: Accademia di Architettura di Mendrisio, 2004), p. 17.

dade queira sempre crescer, sempre ir além, porque sua raiz é móvel. A cidade cresce como elemento de uma rede de comunicação, raiz da cidade ocidental. Desde Weber, esta natureza da cidade europeia é clara: ela nasce de uma *coniuratio* contra os grandes poderes do Império e da Igreja para que não interfiram na plena autonomia citadina. Para que a deixem livre para aumentar as próprias interações que produzem novidades. O impulso que a move é, sim, econômico-funcional, mas ao mesmo tempo civil. A marca é aquela de uma cidade que exprime a própria liberdade na propagação, na ligação em redes (voltaremos, no último capítulo, a esse destino da cidade).

A CIDADE DOS OPOSTOS

O mundo sempre precisou de opostos, pois baseia--se em oposições. Cidade e anticidade deparam-se no texto de Mumford, *A cultura das cidades*,[4] do mesmo modo como palco e bastidores (*front* e *back*) na obra de Goffman, que vê cada espaço dividido em frente e verso (daquele doméstico e do global), entre uma cena a ser mostrada e os fundos a serem escondidos, entre regiões centrais e regiões periféricas, entre norte e sul do mundo.

Também há as oposições entre o centro e a borda, que é o limite mais longínquo de um mundo. Mesmo entre as

---

[4] L. Mumford, "Il non-piano della non-città", em L. Mumford, *La cultura delle città* (Milão: Edizioni di Comunità, 1999), pp. 174ss.

coisas mais distantes, entre o centro e o extremo remoto, existe uma relação essencial. Ou antes, como mostrou Simmel, "mesmo que por uma via insólita e muito indireta, o estar fora é uma forma do estar dentro". Forma chamada por Simmel de aventura.[5] Não se explica de outra maneira o interesse de Bruce Chatwin pela Patagônia. Os antípodas servem como arquétipo a essas oposições espaciais, como também as colunas de Hércules. Eles são o

> ignoto continente antártico, o *Antichton* dos pitagóricos, assinalado com a palavra *névoas* nos mapas medievais. Nessa terra invertida, a neve caía de baixo para cima, as árvores cresciam de cima para baixo, o sol brilhava com uma luz negra e o povo dos antípodas, com dezesseis dedos, bailava até alcançar um estado de êxtase. "Não podemos ir até eles", fora dito, "eles não podem vir até nós". Obviamente que uma faixa de água deveria separar esse quimérico país do resto da criação.[6]

Na realidade, é a mesma oposição do que entre reclusão e abertura, às vezes oposição até mesmo ética. Weber recorda o dualismo ético que diferenciava a relação de vizinhança entre os residentes de uma mesma cidade daquela com os estrangeiros.

---

[5] G. Simmel, "L'avventura", em G. Simmel, *Saggi di cultura filosófica* (Veneza: Neri Pozza, 1998), p. 15.
[6] B. Chatwin, *In Patagonia* (Milão: Adelphi, 2005), pp. 147-148.

A forma como isso geralmente ocorre é aquela segundo a qual qualquer característica exteriormente determinável por uma parte dos concorrentes (reais ou potenciais) – raça, língua, religião, origem local ou social, descendência, domicílio, etc. – é adotada pelos demais como motivo para excluí-los da concorrência. É indiferente saber qual seria, em cada caso, essa característica [...] o objetivo é o fechamento.[7]

Pamuk nos dá uma pista, sua Istambul "ao conduzir secretamente uma vida fechada de bairro e de comunidade, não obstante se apresentasse tão aberta aos influxos externos"[8] revela um segredo. Grandeza e detritos juntos formam a trama da cidade, que é cultivada e resolvida apenas pelo escritor. "A cidade não possui outro centro que nós mesmos."[9]

LIMITES MENTAIS

"A cidade parecia uma informe massa negra e que de repente passava das profundidades da noite para a luz e para o céu."[10] A cidade não possui forma, como a Paris bélica e *noire* de Proust, como a metrópole centro-europeia de Musil, mas em Proust, e mais tarde em Pamuk,

---

[7] M. Weber, *Economia e società*, vol. II (Milão: Edizioni di Comunità, 1981), pp. 34-35.
[8] O. Pamuk, *Istambul. I ricordi e La città* (Turim: Einaudi, 2006), p. 343.
[9] *Ibidem*.
[10] M. Proust, *Il tempo ritrovato* (Turim: Einaudi, 1978), p. 79.

a cidade "faz centro" sobre o eu narrador, não importa que seja Paris ou Combray. A Paris da guerra, escura e labiríntica mesmo nos bulevares nos quais o Narrador se perde, tem uma extensão que é a da alma. Também em Benjamin na sua Berlim: "Não saber orientar-se numa cidade não quer dizer muito. Mas perder-se nela, como perder-se numa floresta, é algo que deve ser aprendido".[11]

No mesmo sentido, na cidade de nossa vida cotidiana é difícil situar os objetos dos nossos sonhos ("como seria também para mim, se o estudo da arquitetura não me houvesse corrigido certos aspectos dos instintos de Combray").[12] Exprime-se aqui o poder da imaginação que move os confins, da sugestão que torna, poucas páginas antes, Paris semelhante a Istambul (o Sena parece o Bósforo) ou impregnado pela música wagneriana (os aviões de guerra alemães como as Valquírias).

Sobretudo, poder de evocação que provoca o retorno, graças ao involuntário tropeço nas pedras desiguais do pátio de Guermantes, a imagem azul, fresca, ofuscante de Veneza "reevocada" pela lembrança do pavimento desconexo da basílica de São Marcos.

Assim a mente divaga e os limites da cidade se esfumam um no outro. De fato, na liberdade artística, os atores vagueiam, posicionam-se e contextualizam-se livremente.

---

[11] W. Benjamin, *Infanzia berlinese* (Turim: Einaudi, 1973), p. 9.
[12] M. Proust, *Il tempo ritrovato*, cit., p. 166.

Até na vida social sucede algo do gênero. Nossa liberdade aumenta em relação ao contexto. Em vez de partir do lugar no qual estamos, podemos considerar a nossa circulação entre lugares: os sítios do local e do global não estão em níveis diversos (o nível global, o nível local), mas estão colocados num *continuum*. Entre eles se realiza um ir e vir de entidades em circulação. Não está mais em primeiro plano a eterna alternativa entre a estrutura e o sujeito, e sim os *fluxos* de comportamentos, *circuitos* que fornecem aos atores os instrumentos necessários para a interpretação de dada situação. Assim podemos tentar escapar da dicotomia interno-externo.[13] A experiência da mobilidade existencial e cognitiva dos atores sociais transfere e modifica continuamente as fronteiras "locais". A sociologia é aqui como a física, feita de fluidos e de conglomerados, de mediadores (entidades, seres, objetos, coisas, enunciados) que "portam" os sujeitos, mas num plano totalmente diferente, como já havia notado S. Weil em *Quaderni*.[14]

---

[13] B. Latour, *Changer de société. Refaire de la sociologie* (Paris: La Decouverte, 2006). As implicações espaciais do importante trabalho de Latour, ao qual voltaremos no último capítulo, "Rede", não foram ainda desenvolvidas. O mundo reticular e horizontal de circuitos concebido por ele, no qual o social circula como dentro de um sistema físico, anula a separação entre macro e micro. Porém pressupõe uma plena liberdade por parte dos atores de vaguearem, se posicionarem e se contextualizarem. Não é claro como situar neste quadro a eterna questão do poder, a sua "física".

[14] O aceno à sociologia como uma espécie de física, inusual em S. Weil, consta em *Quaderni*, vol. I (Milão: Adelphi, 1997).

CIDADE-ORLA

Edge City, a cidade-orla, é uma expressão singular que indica a nova cidade norte-americana, mas não apenas; mesmo cidades europeias já se reconhecem na definição.[15] É a cidade da nova fronteira[16] composta de constelações ex-urbanas, onde a cidade se desfaz e se reforma, assemelhando-se cada vez menos a si mesma e cada vez mais a uma geografia do nada. Como observa Castells, encontram-se na cidade pelo menos três fatores: o rápido desenvolvimento ex-urbano, a decomposição das cidades centrais e dos grupos sociais que ali permanecem aprisionados, e a obsolescência do ambiente suburbano edificado.[17]

Edge City cresce nas bordas, torna-se densa com edifícios, serviços e escritórios bem nos limites externos. Os fluxos de troca ali se cruzam e se adensam.

Edge City é matéria fugidia e móvel. Por isso a cidade é "nebulizada", como escreveu Nancy, cresce e ao mesmo tempo se dissolve não seguindo eixos ou outras formas geométricas, mas a inconsciente forma da nebulosa e da espuma.

A cidade encontra, assim, essa que é criatura térrea, outras substâncias – aéreas e líquidas – das quais parecia

---

[15] O European Edge Cities Network é mencionado por N. Brenner, *New State Spaces* (Oxford: Oxford University Press, 2004), p. 290.
[16] J. Garreau, *Edge City: Life on the New Frontier* (Nova York: Doubleday, 1991).
[17] M. Castells, *La nascita della società in rete* (Milão: Egea, 2002), p. 461.

bem separada (para Sloterdijk a cidade é feita de "espumas"). No fundo, o velho marinheiro de Coleridge, ao final de sua peregrinação marinha, retornava para a sólida terra firme ("And now, all in my own countree, I stood on the firm land!", versos 570-571). Mas a cidade, agora, cresce a grande altura, a forma vertical da arquitetura de vidro, e por meio de ondas e formas nebulosas como na Edge City. "A cidade e a paisagem urbana modernas tornam-se pouco a pouco uma entidade operacional da tríade constituída pela estação espacial, a estufa e a ilha humana."[18]

A projeção para o alto da cidade conclui todo um percurso de "moradias celestes".[19] E a projeção aérea nos planos de Arata Isozaki, em *City in the Air* (1962), consiste em aglomerados humanos verticais.

O impulso para cima e o primado aéreo foram vistos, já por Carl Schmitt (1942) como a conclusão do conflito por terra e mar. Terra e mar, durante muito tempo opostos, estavam destinados a se encontrar. Assim, em Schmitt,[20] a nova revolução espacial fez do espaço, antes um vazio a ser conquistado, "o campo de forças da energia, da atividade e do trabalho humano". Terra e mar não estão mais separados desde quando o mar foi

---

[18] P. Sloterdijk, *Ecumes ecumes. Sphères III* (Paris: Maren Sell, 2005), p. 591.
[19] W. A. McClung, *Dimore celesti* (Bolonha: Il Mulino, 1987).
[20] C. Schmitt, *Terra e mare. Una riflessione sulla storia del mondo* (Milão: Adelphi, 2002[1942]), p. 109.

transformado pela técnica de transporte e comunicação num espaço, no sentido atual da palavra.

Na geração anterior, com Rosenzweig (1917),[21] *Ecumene* e *Thalassa* são as duas partes do globo. Encontram-se a perspectiva espacial terrestre e a espacial marítima.[22] Com esses autores, entramos já na cidade-mundo e no novo *nomos* da terra após a época dos Estados nacionais.[23]

CIDADE-MUNDO

A cidade delimita e cinge, originalmente, um pedaço do solo terrestre.

"Ao traçar o primeiro confim, a humanidade tomou posse da terra."[24] A história é a trilha de fronteiras sempre novas na terra, cujo fim é a "ilimitabilidade". Esta, porém, é um caráter "desde o início próprio do mar".

Ecumene (mundo) choca-se com o espaço como teatro dos acontecimentos, espaço variável conforme as épocas históricas, às vezes pequeno e marginal, destinado a ampliar-se de modo progressivo, de qualquer modo

---

[21] F. Rosenzweig, *Globus. Per uma teoria storico-universale dello spazio* (Milão/Gênova: Marietti, 2007 [1917]).
[22] F. P. Ciglia, "Il Globus de Franz Rosenzweig", em F. Rosenzweig, *Globus. Per uma teoria storico-universale dello spazio*, cit., pp. 25ss.
[23] Sobre a oposição polar e a relação entre esses autores, insistiu M. Cacciari em *Geofilosofia dell'Europa* (Milão: Adelphi, 1994), pp. 105ss.
[24] F. Rosenzweig, *Globus. Per uma teoria storico-universale dello spazio*, cit., p. 35.

sempre relacional ("a criação cada vez mais articulada de relações eu-tu").[25] A expansão dos limites tem dupla dimensão, interna e externa, e conduz do Estado-nação à empresa, da cidadania do súdito à cidadania democrática, à cidadania social, em direção à federação supranacional dos Estados. "Somente a tentativa de uma organização mundial supranacional poderá surgir da atual conflagração mundial", escreve Rosenzweig em 1917, "uma tentativa, enquanto tal, destinada a assumir múltiplas configurações".[26]

A cidade-mundo, cosmópolis ou *ecumene*, é forçada a traçar sempre novos confins, agora além do velho espaço europeu. Após a "saturação" do continente, ou seja, quando os Estados nacionais exauriram os espaços internos de expansão, assistimos a uma "enorme ampliação do cenário dos acontecimentos":[27] um cenário geopolítico ao longo do qual "as potências tateiam o terreno em direção ao oceano".[28]

"No instante em que entram em cena os primeiros Estados marcados por uma tendência planetária – isto é, *hoje* –, também a questão da liberdade dos mares torna-se absoluta em nível planetário, rotunda."[29]

O continente (*Festland*) está no centro da imagem "bíblica" do mundo. Da terra (*Erde*), doada aos filhos

---

[25] *Ibidem*.
[26] *Ibid*., pp. 81-82.
[27] *Ibid*., p 75.
[28] *Ibid*., p. 129.
[29] *Ibid*.

dos homens para nela habitarem, resta apenas a parte firme da terra emersa (*Feste des landes*). Nessa visão, a terra habitável, cidades e impérios, são margeados por um mar imenso e indeterminado, um continente central recluso em si.[30]

Já para os gregos, a imagem "homérica" do mundo é a do grande mar interno circundado por costas: "realidade, amada realidade era apenas o lugar próprio, familiar, colocado no centro do mundo, no qual se habitava".[31]

A cidade-mundo, que avança e ultrapassa as fronteiras, talvez tenha seu arquétipo no império de Alexandre, cujo "impulso sobre-humano em avançar não se importa com o território conquistado", mas somente com o traçado de estradas e a fundação de cidades fortificadas em pontos estratégicos. A cidade e a estrada encontram-se aqui pela primeira vez, encontro destinado a durar, nos caminhos da Europa medieval, na qual a cidade é a estrada (dos peregrinos, dos mercadores) que une Canterbury a Londres, Paris a Santiago, até a cidade norte-americana contemporânea que é *somente* estrada, que se desenrola em *streets* e *avenues*, pura "travessia", como observa Nancy.

Terra, originalmente divindade suprema, torna-se objeto de exploração por parte do homem: "ano a ano ele fadiga sem cessar com charruas, revolvendo-a toda, e com cavalos, subjugando-a, lavrando-a".[32] Trata-se de

---

[30] *Ibid.*, p 85.
[31] *Ibid.*, p 86.
[32] Sófocles, *Antigone* (Turim: Einaudi, 1966), p. 20.

uma atitude, esta do "canto do homem" de Sófocles, *tremenda*, pronta a desafiar valores supremos com o fim de obter o que lhe é útil.

Globus é a terra plenamente unificada nessa sujeição, plenamente à disposição da exploração nas formas técnicas evoluídas da modernidade. Dessa unidade, Rosenzweig enxerga lucidamente as premissas: "existe um só mundo, um só mar, cujas áreas estão em comunicação, mas este mundo tem ainda centro e extremidade, as linhas não voltam ainda para se juntarem todas, a terra na realidade ainda não é uma esfera".[33]

LUGAR DE BANDO*

No entanto, na era global,

> hoje a *cité* designa um aglomerado de conjuntos habitacionais de *banlieue*, com seu território e suas referências, distante do 'centro da cidade' e da própria cidade, um fragmento de cidade distanciado da cidade, separado como um *iceberg* à deriva, que flutua sobre um oceano incerto.[34]

---

[33] F. Rosenzweig, *Globus. Per una teoria storico-universale dello spazio*, cit., p. 11.
* Bando no sentido de anúncio público, proclamação, intimação de condenação ao exílio e proibição de alguma coisa, publicada em decreto ou edito. (N. do T.)
[34] J.-L. Nancy, *La città lontana* (Verona: Ombre Corte, 2002), p. 44.

Nancy relembra a etimologia da palavra *banlieue*, lugar de bando, o espaço em volta da cidade – na Idade Média cerca de uma légua –, na qual a autoridade é exercida mediante os bandos. Lugar de bando, portanto, também no sentido de banimento, de exílio.

O bando de Creonte bane Antígona da cidade, "só e distante"[35] estará em seu cárcere-tumba. Distante da cidade, da qual se despede ("Cidade de Tebas, rocha de meus pais") e a qual deixa saudando o coro ("Ó senhores de Tebas, vós, olhai"). Aqui, o bando a afasta do consórcio civil, equiparado ao consórcio dos vivos.

Se a *cité* é hoje lugar de bando, de segregação e de revolta como nos *banlieues* franceses, visto que

> a violência entre bandos que cresceram no final dos anos 1990 também indica como a pertença étnica é capaz de fornecer uma base para os conflitos, tornando-se um modo para se afirmar sobre outrem e de reivindicar uma superioridade,[36]

é também porque a borda da cidade tornou-se local de exclusão sociopolítica e étnica, novamente bando e exílio.

Difunde-se um novo léxico que não faz mais referência à cidadania francesa: o *blédard* é o imigrado magre-

---

[35] Sófocles, *Antígone*, cit., pp. 45ss.
[36] N. Kapko, "Esperienze comuni e traiettorie differenti", em H. Lagrange e M. Oberti (orgs.), *La rivolta delle periferie* (Milão: B. Mondadori, 2006), p. 119.

bino visto por outros imigrantes (de *bled*, em árabe, país, quase uma confirmação do antigo modo de dizer país-estrangeiro); o *beur* é o imigrado magrebino de segunda geração; o *sans papier* é o imigrado irregular submetido a medidas restritivas; e o *céfran* é o francês na gíria dos jovens imigrantes subsaarianos.

Não se trata de racismo, mas de aberta manifestação das diferenças que se confrontam e chamam-se reciprocamente de *black, noiche, feuj*, sem que surja um denominador comum de cidadania quanto ao uso expressivo das diferenças que permita a agregação em grupos.[37]

A *mixité* falha no urbanismo social e nas políticas escolares, mas a linguagem da cidade se desforra mesclando os tipos que a habitam. A periferia é mantida a distância em nome de uma "cidade burguesa", a cidade que preserva o seu castelo, sua catedral. Em Los Angeles, no entanto, ela tem sua revanche: infiltra e contamina tudo, menos os dois guetos fechados e apartados que são o exíguo centro da cidade e a colina de Beverly Hills.[38]

Mesmo na Europa, a periferia procura se desforrar como na Marselha de Benjamin:

> Quanto mais saímos do centro, tanto mais a atmosfera se torna política. Eis as *docks*, os portos fluviais, os magazines, os bairros dos pobres, os refúgios perdidos da miséria: a periferia da cidade. Aqui a cida-

---

[37] M. Hatzfeld, *La culture des cités* (Paris: Autrement, 2006).
[38] J.-L. Nancy, *La città lontana*, cit., pp.18-19.

de está em estado de assédio; esse é o terreno no qual ininterruptamente enfurece a grandiosa, a decisiva batalha entre a cidade e o campo.[39]

A cidade fecha-se, da mesma forma como acontece com o anel rodoviário, a tangencial, a *semi-périphérique* e a *highway* quando separam diferentes territórios sociais da cidade. Em vez de tornar permeáveis as margens, a urbanística levanta muros insuperáveis de tráfego e de funções. O centro comercial separado das moradias e dos percursos de pedestres, ou a escola segregada no próprio *campus*, no lugar da acessibilidade à maioria das pessoas, ou a fábrica escondida no parque industrial em vez de mesclada a outras funções urbanas: todos são heranças da cidade-jardim ordenada e planejada de Ebenezer Howard, mas que atualmente inverte-se com técnicas de segregação e de "muros internos de segurança".[40]

Desse modo, Louis Wirth, o sociólogo da Escola de Chicago, estava errado ao afirmar que a sobreposição de personalidades divergentes tende a criar na densidade das metrópoles uma maior tolerância das diferenças? Segundo Sennett, em Nova York, certamente a realidade das bordas é diversa, é um mosaico pouco ou nada penetrável. O maior responsável por isso é o urbanista, que planeja lacrar as bordas conflituosas e dissonantes da ci-

---

[39] W. Benjamin, *Immagini di città* (Turim: Einaudi, 2007), p. 76.
[40] R. Sennett, *The Conscience of the Eye* (Londres/Boston: Faber and Faber, 1991), p. 201.

dade em vez de permitir experiências de reconhecimento e de encontro entre diferentes.

Seria então necessário aquele trabalho de cirurgia conservadora, descrito por Patrick Geddes em seus artigos indianos e retomado por Mumford:

> Uma de suas primeiras inovações para a requalificação dos *slums* congestionados de Edimburgo não foi delinear um sistema ideal de espaços abertos, mas pegar cada faixa de terreno inutilizado e inutilizável e, com uma ação voluntária, convertê-lo num pequeno pedaço de jardim ou parque.[41]

PLANOS DE REFORMA

"Paris cresceu em si mesma, no próprio solo, sem jamais sair dele. Ao longo dos séculos, todas as correntes espirituais deixaram rastros em suas pedras. Formou-se assim a face viva de Paris. Continuar Paris", exortava Le Corbusier no imediato pós-guerra.[42]

O que teria acontecido se Paris tivesse sido eviscerada pelo Plan Voisin, o plano urbanístico de 1925, de Le Corbusier? Não existiria o Marais, e sim uma extensão

---

[41] L. Mumford, "Patrick Geddes: un memorabile maestro", em C. Mazzoleni (org.), *In difesa della città* (Turim: Testo&Immagine, 2001), p. 41.
[42] Le Corbusier, *Maniera di pensare l'urbanistica* (Roma/Bari: Laterza, 2001), p. 144.

de edifícios alinhados sem limites. O Plan Voisin não tem necessariamente limites, poderia concernir tanto o Marais como toda Paris, ele é o emblema da cidade neutra.[43] Nos Estados Unidos, os planos de reforma de *housing* concebidos entre os anos 1930 e 1960 para esvaziar os *slums* certamente fracassaram. Mas é insuficiente afirmar que isso se deveu à escolha de uma arquitetura modernista vertical pouco adequada ao espírito norte-americano da *single-family home*.[44] De fato, a reconstrução crítica de Sennett, dedicada a um desses experimentos falidos, o Cabrini Green de Chicago, fornece elementos bem diferentes: a falta de "respeito" pelos residentes por parte da burocracia pública, a falta de consideração social que reproduz a lógica do gueto, a dos estados do Sul e de Porto Rico. Essa *segregated city* foi até mesmo favorecida por uma política federal que excluía da construção pública as famílias que superavam o nível de pobreza, exclusão que fez desaparecer em poucos anos todas as camadas mais estáveis e destinadas a uma ascensão social e que fez com que se adensasse nos novos guetos uma população instável, desarraigada e socialmente condenada. A demolição de Pruitt-Igoe, que permanece em nosso imaginário como a falência de toda a política do *welfare* urbano, conclui uma fase e abre outra: a fase do período Reagan da valorização, a monetarização da pobreza urbana

---

[43] R. Sennet, *The Conscience of the* Eye, cit., p. 171.
[44] A. von Hoffman, "High Ambitions: The Past and Future of American Low-Income Housing Policy", em *Housing Policy Debate*, VII, n. 3, Londres, 1996.

sem mais construções populares (uma estrada preparada pelo influente grupo de intelectuais conservadores reunidos em torno da revista *The Public Interest*). A escolha de apontar, nos anos mais recentes, para projetos de construção para grupos de renda mista e de distribuir as construções pelas populações de baixa renda em diferentes locais da cidade para evitar a formação de guetos é controversa e levanta críticas de todos os lados.

Valeria a pena revisitar as tentativas precoces de criar uma cultura arquitetônica nas bordas da cidade. Pensemos nos projetos de Louis Kahn nos anos do New Deal. O projeto de recuperação de um *slum* na Filadélfia (Model Slum Rehabilitation Project, 1933), jamais realizado, compreendia 665 unidades habitacionais para alugar num terreno de 54 acres. O projeto na área de Mill Creek (1946-1954), na Filadélfia, incluía três edifícios com apartamentos de dezessete andares, segundo o modelo de prédios no parque, mas também grupos de apartamentos mais baixos com jardim, uma junção de modelos que não foi adiante. O bairro Pine Ford Acres, em Middletown (1941-1942), e Carven Court, em Coatesville (1941-1943), fazem parte dos projetos de Kahn, a serem lidos com seu texto teórico, *Order and Design* (1955).

Enquanto isso, as tentativas de introduzir na América Le Corbusier e Gropius por meio de programas de construção popular vertical, que cresceram nos anos 1950-1960 e foram criticados por J. Jacobs em 1961, perderam terreno para a fuga em direção aos subúrbios, e o fracasso do *social housing*, iniciado a partir dos anos 1960-1970, deixaram pouca herança. Tentativas de implantar programas que combinassem unidades habitacionais de baixa renda com unidades de mercado de luxo (como em Tent City, no South End de Boston) são exemplos minoritários. No entanto, nos Estados sulistas que mais cresceram ao longo do "cinturão do sol", quase a metade das novas construções pode ser relacionada à tipologia da *gated community*, do subúrbio fechado. Os Estados Unidos não encontraram (talvez nem mesmo tenham buscado) a via intermediária entre a cidade vertical e o subúrbio. O caminho foi traçado por Frederick Law Olmsted na origem das *federated metropolis* propostas por ele:

> O subúrbio de Olmsted é parte integrante da cidade-região. A integração residência-trabalho deve ser assegurada por distâncias rapidamente superáveis com os mais modernos meios de transporte, enquanto a construção residencial deve ser provida com a máxima quantidade de serviços urbanos, de alta qualidade. A "comunidade" poderá, assim, integrar-se à sociedade organizada: é exatamente o modelo que, até hoje, com as oportunas correções e as inevitáveis distorções, conhecerá um grande sucesso na América. O ideal jefersoniano e a ideologia naturalista não valem mais para os centros motores de desenvolvimento, mas podem ser recuperados no nível dos núcleos habitacionais semiautônomos, gerencia-

dos em forma de cooperativas privadas e ligados aos primeiros por alamedas e ferrovias metropolitanas.[45]

Trabalhos como os de Kahn nos anos do New Deal e do pós-guerra, diretamente ligados à tradição europeia, representam um esboço que será elaborado por este autor de forma solitária: seus conceitos sobre a cidade como lugar de "instituições", como fruto de um "pacto entre os homens", de "ordem e desenho", representam uma lição desatualizada da arquitetura no século XX.

Novos espaços poderão nascer, para Kahn, apenas de novos pactos entre os homens e encontrarão sua forma num renovado espírito público: a cidade é "fórum das oportunidades", conjunção entre espírito cívico (à maneira de Arendt) e indivíduos. Nostalgia de alicerces civis converte-se em procura de uma dimensão mítica, como no projeto do Civic Center da Filadélfia.

Kahn está bem consciente de que entramos na era da mobilidade e da disseminação urbana, mas os fluxos que atualmente constituem a cidade contemporânea necessitam de lugares onde se afirma:

> as estradas de alta velocidade são rios que necessitam de portos. As ruas são canais que necessitam de docas. A arquitetura da parada é tão importante quanto as grandes muralhas que circundavam as ci-

---

[45] M. Tafuri, "F. L. Olmsted e le origini del 'planning' negli Stati Uniti", em A. Caracciolo (org.), *Dalla città preindustriale alla città del capitalismo* (Bolonha: Il Mulino, 1975).

dades medievais. Uma cidade moderna se renovará pela ordem do movimento, que a irá preservar da destruição por culpa do automóvel. O centro da cidade é um lugar para onde ir e não através do qual ir. [...] Apenas a consolidação de todos os centros culturais, acadêmicos, comerciais, esportivos, médicos e cívicos num único foro determinará a renovação de uma cidade. A descentralização dispersa a cidade e dissipa suas energias. Os centros comerciais, distantes do centro, são lugares para adquirir, mas o adquirir reside no coração da cidade.[46]

CIBERGUETO

Na época do virtual, o gueto se torna *cibergueto*, como em Portobello Road, o bairro londrino antes famoso por seu mercado. Em sua origem, terreno vazio para ciganos e algum pequeno comércio; mais tarde, no início do século XX, moradia da pequena burguesia e de operários irlandeses e do Leste Europeu; em meados do século XX, destino de imigrantes das Antilhas. Enfim, polo de atração para novas profissões cosmopolitas, o bairro é atualmente sede de locais de encontro para cibernautas, e, para tanto, todo o tecido urbano foi redesenhado.

---

[46] L. Kahn, "Ordine dello spazio e architettura", em M. Bonaiti (org.), *Architettura è. Louis Kahn, gli scritti* (Milão: Electa, 2002), pp. 75-76.

Uma "apropriação sem pertencimento",[47] porque o horizonte dos recém-chegados não é o espaço coletivo do bairro, mas as finanças e a informática mundiais. Ali, como em outros bairros de nossas cidades, completa-se uma mutação. O gueto virtual reúne pessoas e concentra investimentos de um mundo, de adeptos da rede, de consultores de finanças e profissionais, que não desenvolvem nenhuma dinâmica relacional. O velho mundo, étnico e um pouco boêmio, que "fez" o bairro, está agora totalmente exaurido. A imigração dos pobres não sobreviverá ao aumento vertiginoso dos preços dos imóveis provocado pela nova população empresarial, nem ao universo lacrado que o mundo das tecnologias virtuais instalou. A dinâmica da integração é interrompida, aquela que, durante um século, representava uma contínua oportunidade de inserção é bloqueada. Outro espaço de diversidade parece destinado à homologação. Avança a cidade genérica, que nega qualquer diversidade.

ELOGIO DO CAOS

A cidade genérica de Koolhaas, cujos bairros são aeroportos destinados a substituir a cidade, é um exemplo de como a arquitetura da moda teoriza o espaço selado, até mesmo citando Derrida e Baudrillard. Os aeropor-

---

[47] T. Naudin, "Portobello, un quartier londonien à l'heure du virtuel", em *Esprit*, XI, Paris, 2006. Disponível em: http://www.eurozine.com/articles/2007-02-01-naudin-fr.html.

tos-cidades, além de servir à mobilidade de milhões de pessoas, apresentam ainda "o atrativo de serem sistemas herméticos dos quais não há saída, senão em direção a outro aeroporto".[48] Em outro lugar, Koolhaas identificou várias "faixas" – ao longo das autoestradas e linhas férreas, mas também na proximidade de florestas, ao redor de edifícios históricos, por meio de extensões de terreno especialmente belas – e declara que elas irão permanecer intactas, ou mesmo reservadas à implantação de supermercados ou bairros empresariais. Entre essas faixas, que irão formar algo parecido com um colossal ideograma chinês, haverá ilhas de desenvolvimento urbano entregues à anarquia estrutural. Não só será concedido a cada ilha se desenvolver seguindo diversos arquitetos, estilos, regimes, ideologias, mas, para contrastar com as faixas não contaminadas, elas serão abandonadas ao caos comercial, "à medíocre cotidiana feiura contemporânea da arquitetura euro-nipo--americana".[49] Provavelmente, L. Mumford pensava em algo parecido quando denunciava o risco da desintegração social e do crescimento vertiginoso e desordenado das cidades do mundo ocidental na época industrial: uma visão de "cristalização do caos" na qual "os homens se dissociaram como cidadãos justamente durante o processo que os reuniu em imponentes organizações econômicas".[50]

---

[48] R. Koolhaas, "La città genérica", em *Domus*, nº 791 (Milão, 1997).
[49] R. Vine, "Post-delirium – Rem Koolhaas, Traveling Exhibition-Architecture", em *Art in America*, Nova York, 1995.
[50] L. Mumford, *La cultura delle città*, cit., p. LXXV.

VISÕES DA CIDADE: AS FORMAS DO MUNDO ESPACIAL

A CIDADE MÓVEL

Onde acaba Mântua, a esplêndida cidade renascentista cercada por lagos, criados há mil anos ao longo do rio Mincio, começa uma segunda cidade, composta por municípios que cresceram rapidamente nos últimos vinte anos e que foram construídos para as necessidades de uma população alargada, periurbana. Aos 50 mil habitantes de Mântua é preciso somar pelo menos outros tantos, fruto da expansão da área urbana, pois o aumento dos moradores concentrou-se nos municípios ao redor da capital, os quais se viram obrigados a gerir uma expansão desordenada que criou, precisamente, uma segunda cidade que gravita em torno de Mântua. Também muitas atividades comerciais, industriais e de serviços abandonaram o centro histórico para o interior ou surgiram no interior, causando fortes fluxos de tráfego que congestionaram a viabilidade interna. A taxa de consumo do território cresceu muito, com forte concorrência entre os municípios da grande área, para garantir a instalação de atividades produtivas e de novos moradores. Os recursos de impostos sobre imóveis, os rendimentos provenientes de licenças de construção e das despesas de infraestrutura são a chave para interpretar, tanto em Mântua como em toda a Itália, o impressionante crescimento urbano das últimas décadas.

Isso levou a uma visível multiplicação das áreas residenciais, industriais e comerciais, à fragmentação do território, à construção de centros de serviços que duplicam as mesmas funções. As intervenções urbanísticas irregulares pelo território foram realizadas sem levar em consideração as necessidades infraestruturais futuras. Elas próprias sofreram críticas derivadas da presença de inúmeras áreas sujeitas à proteção ambiental, que – assim como as áreas agrícolas ainda presentes no território – carecem de uma política de integração no tecido urbano. O conjunto desses elementos contribuiu para definir um território fragmentado e caótico, onde faltam integrações e sinergias.

Seria necessário definir uma urbanística[51] que integrasse a demanda pela conservação e valorização da cidade histórica com as necessidades que surgem com a cidade difusa. É preciso organizar os temas da ocupação desordenada, da proteção ambiental e da conservação de solos e águas, da agricultura na cidade, da construção pública, do fornecimento de serviços, *utilities* e energia, da mobilidade, da segurança. *Uma filosofia comum do território.* Mas para fazê-lo é necessário predispor um sistema de incentivos e compensações que recompensem o respeito pelos princípios comuns. Seria necessário garantir recursos aos municípios que, no interesse geral do território, a ser definido em conjunto, renunciem a busca de metas desregradas de crescimento. Seria preciso reconhecer as possíveis sinergias para o fornecimento de serviços públicos, executar operações conjuntas para favorecer a absorção dos efeitos externos e para concretizar

---

[51] Para tanto foi elaborado o Plano Estratégico Mântua Futura (Piano Strategico Mantova Futura), 2007.

economias de escala. O reconhecimento da qualificação como "cidade patrimônio mundial" em Mântua, por outro lado, implica a definição padronizada de proteção integrada com a previsão política para as instituições dos parques periurbanos e demais medidas análogas.

Mas a cultura da conservação ativa falta à própria elaboração da Unesco. Faz pouco tempo que "conservamos cidades", não mais que cinquenta anos, sem termos ainda definido o que significa e quais são os limites do conceito de conservação urbana no mundo contemporâneo.

Na ausência de tal urbanística integrada, aos cidadãos e às empresas só resta "votar com os pés", segundo a eficaz fórmula de Tiebout: mover-se em direção às comunidades onde se alcançam melhores condições de vida e de ocupação territorial. A cidade é, aqui, concebida como um mecanismo político para o exercício da escolha pública. A cidade é como uma empresa que oferece um pacote de serviços: podem ser usados ou não, votando, precisamente, com os pés, isto é, mudando de cidade. Os cidadãos são equiparados aqui aos consumidores dos modelos econômicos, de fato, não se prevê que eles exercitem sua voz mediante o protesto político. Ilusão da economia neoclássica, que confia ao puro mercado a arbitragem dos problemas coletivos?

Na França, a reforma de 1999 apontou, por sua vez, as comunidades de municípios, as aglomerações e comunidades urbanas, com o objetivo de favorecer a equidade territorial. Atribuindo aos municípios reunidos em comunidade uma taxa profissional única, favorece-se a superação da iniquidade fiscal, que liga a taxação ao rendimento econômico. Surpreendente foi o surgimento, principalmente, de comunidades periurbanas que vivem da mobilidade profissional e residencial às margens das grandes cidades.[52]

O estudioso do fenômeno, Philippe Estèbe, confrontou então dois modelos. De um lado o modelo Gargântua, criação de áreas metropolitanas integradas ou "pega-tudo", nas quais a mobilidade e as funções são governadas em vasta escala e os recursos públicos redistribuídos para o favorecimento dos grupos desfavorecidos. Do outro, o modelo fragmentado à Tiebout, no qual grande número de comunidades locais concorrentes oferece "serviços à la carte" aos *free riders* (caronas) que queiram se estabelecer aí.

Mas para que isso realmente aconteça, a informação que serve de fundamento ao exercício de escolha deveria ser completa e transparente, os custos da anulação da mobilidade, a disponibilidade irrestrita para se mover. Todos esses requisitos bem abstratos. Até mesmo a propensão à mobilidade, que é forte e crescente em todas as categorias sociais e não só entre as elites cosmopolitas, sofre limitações por causa do tipo de trabalho de cada indivíduo. De qualquer modo, os *free riders* à Tiebout são principalmente *rentiers*, como os aposentados, prontos

---

[52] P. Estèbe, *Gouverner la ville mobile* (Paris: PUF, 2008).

a se mudarem, junto com a própria renda, sem nenhum limite, à procura de um lugar melhor.

O mundo real parece distante tanto do modelo onívoro de Gargântua como do modelo puramente fragmentado de Tiebout. As comunidades são formadas entre diversas cidades, ou são inspiradas a sê-lo, na base de pressupostos bem mais espúrios. Municípios ricos, habitados por moradores ricos, podem estar interessados em se unirem a municípios menos ricos, habitados por moradores menos ricos porém dotados de elevadas taxas profissionais pagas pelas empresas ali localizadas. Ou formam-se comunidades periurbanas especializadas em certo tipo de morador e que assim reforçam a própria especialidade: por exemplo, se unem, em clube, os municípios habitados por categorias sociais seletivas, como funcionários com altos cargos, ricos ou aposentados. A homogeneidade social é reforçada em escala periurbana, bem mais do que na grande cidade internamente diferenciada, imitando-se em parte o modelo norte-americano do subúrbio.

Florença, que pretende se unir aos municípios limítrofes da planície e das colinas numa união de municípios,[53] poderia exemplificar um caso do primeiro tipo. Ao concretizar esse projeto, a cidade duplica-se, passando dos atuais 360 mil aos 600 mil habitantes. As duas cidades, a central e a periurbana, são na verdade três: os municípios

---

[53] *Firenze 2010. Piano strategico dell'area metropolitana fiorentina* (Florença: Giorgi & Gambi, 2003).

de forte caráter produtivo da planície, os municípios da colina com fortes valores ambientais, agrícolas e residenciais, e o centro histórico da arte e da cultura.

O jogo redistributivo entre os diversos municípios os vê, porém, potencialmente em conflito: os municípios mais residenciais visam o aumento dos moradores e dos visitantes; os da planície, o crescimento das instalações produtivas e comerciais; o município central visa manter uma posição de forte renda (nos setores de turismo, comércio, imóvel) somada à coordenação dos outros municípios. Os serviços comuns para a união dos municípios serão em privilégio ou em detrimento de quem? A mobilidade, os serviços para jovens famílias (escolas e creches) e os serviços para os idosos são outros tantos exemplos de como os interesses de diversos municípios, centrais e periurbanos, não são facilmente integrados. A democracia sofre. O referendo para adquirir serviços individuais serve mais para bloquear as escolhas do que a criar um entendimento.[54]

No complexo jogo intermunicipal que deveria governar a cidade móvel, ou pelo menos coordenar as escolhas públicas de interesse recíproco, inserem-se, por conta própria, os governos de escala superior (províncias

---

[54] O sistema de bondes elétricos florentino foi rejeitado por um referendo, que contou com apenas 30% dos eleitores, mas que não se estendeu aos municípios periurbanos que iriam se beneficiar dele. A escolha de uma unidade de incineração de resíduos e sua transformação em energia em Sesto Florentino foi rejeitada por um referendo no município limítrofe de Campi.

ou departamentos, regiões). Cada um deles interpreta com base nos próprios papéis institucionais as mesmas questões que atormentam os municípios ou os clubes de municípios: aumenta o risco de paralisia, os custos de coordenação se multiplicam. Enquanto isso, a cidade continua a "mover-se" por conta própria.

CROSS-BORDER

A bela pesquisa de Saskia Sassen sobre a globalização indica outra direção: a dos processos que têm lugar "entre fronteiras", *cross-border* ou *trans-boundary*. Trata-se de processos que não são mais, pelo menos no velho sentido do termo, "internacionais', ou seja, estabelecidos por um jogo "entre nações", estados-comunidade que exercitam um domínio legítimo e exclusivo sobre o próprio território. Aqui, ao contrário, trata-se de processos "entre local e global" que mesclam os âmbitos e os *milieux*. Embora estejam localizados, esses processos fazem parte da globalização pelo fato de envolver redes transfronteiriças (*trans-boundary*) e entidades que conectam processos e atores múltiplos (local-nacionais), ou implicam a recorrência de questões ou dinâmicas particulares em um número crescente de países ou localidades.[55] Esses processos são, por exemplo, as comunidades

---

[55] S. Sassen, *Una sociologia della globalizzazione* (Turim: Einaudi, 2008), p. 4.

transnacionais, as cidades globais, as cadeias globais de valor, os fenômenos de compressão espaço-temporal. As cidades globais que se organizam em redes de transnações são um fenômeno emergente. Os serviços que nelas estão localizados são cada vez menos "nacionais": é como se fossem constituídas zonas francas nas quais a linguagem e as comunidades de prática são essencialmente transnacionais. Talvez essas redes cada vez mais espessas acabem sendo substituídas por verdadeiros sistemas urbanos transnacionais. Londres-Nova York ou Londres-Paris funcionarão como um único circuito mesmo que "hospedado" em diferentes Estados nacionais. Em alguns aspectos isso já ocorre.[56] Em alguns casos, como entre o Vale do Silício e Taiwan, são circuitos formados por empresários que pertencem a ambas as regiões, a californiana e a chinesa, e que passam seu tempo, como modernos argonautas viajando entre os dois mundos.[57] Fatores políticos, culturais e linguísticos irão funcionar para manter os traços nacionais desses locais transnacionais. As cidades globais são lugar de poder em que acontece uma queda de braço entre grupos econômicos e políticos. Não mais enraizadas localmente, as elites econômicas e técnicas que as habitam estão, agora, an-

---

[56] "No caso de uma 'cidade global', o território circunstante chega a englobar até outras cidades globais: Nova York, por exemplo, faz parte do 'território' de Londres e vice-versa", afirmou J. Véron, *L'urbanizzazione del mondo* (Bolonha: Il Mulino, 2008), p. 56.
[57] A. Saxenian, *The New Argonauts: Regional Advantage in a Global Economy* (Harvard: Harvard University Press, 2007).

coradas nesse lugar, do qual podem zarpar em qualquer circunstância.[58]

Os fluxos que essas elites alimentam não têm uma nacionalidade precisa. Se pudéssemos medi-los, veríamos que as cidades e as regiões são essencialmente "portas" através das quais elas transitam, embora não sem contribuir para modificar aquele lugar mediante atração de cargos e de pessoas, construção de novas instalações, mobilidade dos fenômenos ligados ao consumo, turismo artístico-cultural. Os fluxos globais, de fato, são pegajosos (*sticky*), aderem aos territórios em que transitam. São também pesados (*lumpy*) e densos (*thick*). Daí misturas e miscigenações, mas também desordem global.

Os fluxos globais não se movem livremente nos territórios nacionais; eles estão submetidos a vários tipos de restrição e de controle. E, no entanto, a maioria desses controles deve ser agora revista pelos Estados, sob a pressão das empresas globais. Sua exigência de serem competitivas é a principal condição de sobrevivência dentro de certa moldura de regras do mercado global, e os Estados não podem se permitir ser abandonados pelas empresas

---

[58] É a tese sobre a ancoragem territorial dos atores desenvolvida por P. Veltz, *Mondialisation, villes et territoires. L'economie d'archipel* (Paris: PUF, 2005), pp. 148ss. A discussão encontra uma explícita confirmação no seguinte trecho, escolhido entre tantos: "Devemos jogar uma partida num mercado que não conhece o conceito da ética. Se não houver condições para jogá-la, se houver bloqueios políticos, financeiros ou econômicos, a Fiat mudará sua partida para qualquer outro lugar. Hoje é capaz de fazê-lo". Sergio Marchionne, CEO da Fiat, em entrevista dada ao *La Reppublica*, Roma, 15 de outubro de 2007.

globais. Assim, as instituições estatais sofrem uma contínua invasão dos próprios confins por parte de outros sujeitos – econômicos, mas também jurídicos – que reduzem, de modo significativo, o seu poder soberano.

Há também uma segunda invasão. Mesmo a política, por sua vez, ultrapassa as fronteiras que foram construídas à sua volta na época do Estado de direito. Trata-se daqueles limites que até aqui protegiam cada indivíduo da invasão dos interesses e de redes de comunicação no interior do próprio mundo vital. Atualmente, tanto a esfera do corpo como a da alma dos indivíduos estão submetidas às incursões de uma política de expansão, uma "matriz anônima" viola as fronteiras individuais e os direitos de cada um.

Uma terceira fonte está em ação, não menos insidiosa. Criam-se direitos híbridos que agirão, seja em instituições reguladoras, seja no controle individual. São os direitos das redes digitais, da internet, dos novos espaços virtuais das novas tecnologias de comunicação: cada vez mais semelhantes a territórios de fronteira a serem rapinados do que a novos campos de expressão.[59]

---

[59] Uma visão pessimista e crítica in G. Teubner, "La matrice anônima. Quando 'privati' attori transnazionali violano i diritti dell'uomo", *Rivista crittica del diritto privato*, s/l., 2006. Para uma visão mais otimista, mas também crítica, ver M. Castells, *La nascita della società in rete* (Milão: Università Bocconi, 2003).

A CIDADE-PONTE

"Na natureza das coisas não é possível nenhum desenvolvimento *ilimitado*; o mundo (*kosmos!*) repousa inteiramente sobre a *medida* e o *equilíbrio* (daí a 'igualdade geométrica'), e o mesmo ocorre na cidade."[60]

A referência ao poder da geometria é platônico (ver *Górgias*, 508ª), mas a noção de equilíbrio é totalmente weiliana (por lei, a dialética deveria produzir equilíbrio) como a noção de relacionamento ("a qual aparece de forma bem mais clara em Platão do que em Hegel").[61]

No entanto, o método é vencido pela quantidade, observa Weil, e a noção de medida perdeu-se *em toda parte*.[62] O atual elogio do *bigness*, do *extra-large*, por parte de uma arquitetura sem escrúpulos, inscreve-se plenamente na diagnose de Weil, enquanto a busca de conexão, a cidade como conector universal, como "ponte", é o principal legado que extraímos de sua obra. Extremamente importante nesse sentido é a sua atenção à arquitetura, como à geometria e à física.

De fato, o equilíbrio espírito-corpo, perdida na condição da vida moderna, torna importante a busca das "proporções humanas na arquitetura",[63] mas a vida moderna ainda está *à mercê da desmesura*, invade tudo, ação e pensamento, vida pública e privada. "Não há aí

---

[60] S. Weil, *Quaderni*, vol. I, cit., p. 125.
[61] *Ibid.*, p. 126.
[62] *Ibid.*, p. 140.
[63] *Ibid.*, p. 150.

equilíbrio nenhum. Mesmo as tentativas de Le Corbusier são vãs."[64]

Caminha-se, pois, em direção a um colapso de nossa civilização, e poderá se seguir ou a decadência, como ocorreu com as civilizações do passado, ou "um mundo descentralizado". Com uma poderosa intuição, Weil repete várias vezes: "individualizar a máquina". No entanto, teríamos talvez a possibilidade técnica (ela alude à eletricidade, nós hoje enxergamos aí outra coisa na era das redes telemáticas), e não a possibilidade moral. Uma utopia à la Mumford, talvez? Uma perspectiva, esta verdadeiramente atual, de sustentabilidade do mundo antes do iminente ponto sem retorno?

Porém, rico de significados no pensamento de Weil, é o conceito de *metaxy*, de intermediário, aquelas coisas preciosas que atuam como intermediários, como pontes.

> Não privar nenhum ser humano de suas *metaxy*, isto é, dos seus bens relativos e confusos (casa, pátria, tradições, cultura, etc.) que aquecem e nutrem a alma e sem os quais, exceto para a santidade, uma vida "humana" não é possível.
>
> Os pontos dos Gregos. Nós os herdamos. Mas não conhecemos seu uso. Acreditamos que fossem feitos para construirmos casas. Neles suspendemos arranha-céus aos quais acrescentamos continuamente

---

[64] *Ibid.*, p. 164.

novos andares. Não sabemos mais que são pontos, coisas feitas para passar por cima; e que a partir deles se vai a Deus.[65]

E a cidade é uma ponte, uma *metaxy*.

---

[65] S. Weil, *L'ombra e la grazia* (Milão: Bompiani, 2002[1947]), p. 252.

4
Zona

Zonas não planejadas, reguladas por uma seleção de tipo natural de um lado, e do outro, estruturas desenvolvidas com a consciência de seu fim e astuciosamente inseridas, podem subsistir sem atritos, próximas umas das outras apenas enquanto prevalecerem aquelas nas quais domina o não planejamento.

Karl Mannheim, *Homem e sociedade na época da transformação.*

COLÔNIAS URBANAS

A crítica contundente de Adorno a Mannheim ("o liberal que não vê nenhuma saída torna-se porta-voz de uma camada ditatorial da sociedade") não captura o sentido presciente daquela frase que introduz a uma planificação crítica e reflexiva. Desígnios e regulamentação de mercado convivem em várias miscelâneas, é preciso evitar tanto o "projeto total" como o "mercado total". No fundo, compreendemos Mannheim bem melhor desde o fracasso da temporada de planificação que durou todo o século XX. Mas antes que os regimes planificados fossem impostos, estava em curso naqueles anos um contraditório experimento de "planificação com *laissez--faire*" nas sociedades democráticas, no entreguerras. Na forma do Bauhaus de Dessau e das colônias residenciais, da construção social e da arquitetura dos Siedlungen (bairros de habitações populares) na Alemanha weimariana, dos experimentos regionais do tipo Tennesse Valley do New Deal norte-americano, sobretudo. Experimentos interrompidos pela Segunda Guerra Mundial.

No pós-guerra, virão os trinta anos de máximo vigor do experimento de planificação social (graças aos regimes do *welfare state*), depois uma forte retomada neoliberal acompanhará o fim do século e o início do novo.

Atualmente, enquanto se afirma uma crescente globalização de mercado, a decomposição-recomposição dos regimes regulamentadores e da própria soberania sujeita o mundo a transformar-se numa coleção de fragmentos, um quebra-cabeças sem imagem.

É certo que o modelo das colônias residenciais, inconscientemente, evoca uma perspectiva orgânica, biológica. A "colonização" é um processo dos organismos naturais: quando uma comunidade é ameaçada por um crescimento excessivo, ela se transfere e "coloniza" um novo ambiente para evitar a própria decadência orgânica. As cidades foram profundamente tocadas por ela. A regulamentação do crescimento urbano mediante planos (chamados justamente de "reguladores") e o *zoning* têm dado sequência a fases turbulentas de *laissez-faire*. De fato, preparada pelo modelo de Owen que, do início do século XIX, em pleno liberalismo urbanístico, auspiciava tantas cidadezinhas novas de planta quadrada rodeadas por espaços verdes para isolar a indústria, a criação do zoneamento (Frankfurt, 1891) responde à necessidade de enfrentar o primeiro grande crescimento urbano. Isso acontece graças a instrumentos de ampla escala de regulamentação da densidade, uso do solo e dos conflitos sociais.[1] A configuração de zonas concêntricas com densidade decrescente e com usos diferenciados do solo urbano em poucos anos se expandirá pela Alemanha (Berlim 1892) e pelo mundo. Nova York (1916) é a primeira cidade norte-americana a adotar uma ordenança de zoneamento, seguida em poucos anos por centenas de cidades. Olmsted Jr., na primeira conferência nacional do *city planning*, em 1909, é quem aconselha a adoção do instrumento, já experimentado positivamente na Alemanha, e quem assegura que "os empresários imobiliários e fundiários de Hamburgo – consultados especificamente a este respeito – confirmaram que o efeito de um plano baseado no princípio do zoneamento tem sido, em geral, o aumento de valor dos solos".[2] Em Nova York, porém, essa adoção não resultará num plano geral, e sim num mosaico de medidas locais. O diálogo entre o

---

[1] F. Mancuso, *Le vicende dello zoning* (Milão: Il Saggiatore, 1978).
[2] F. L. Olmsted, *apud* F. Mancuso, *Le vicende dello zoning*, cit., p. 260.

modelo alemão e o modelo norte-americano é crucial: "temos uma enorme quantidade de coisas a aprender com a Europa e especialmente com a Alemanha, em relação ao *city planning*", conclui Olmsted. E Frederick Howe, figura de destaque dos reformadores, vê no modelo alemão (taxação dos solos, aquisição de áreas, zoneamento) "uma via para refazer a cidade norte-americana, um meio para obter a cidade ideal".[3] Howe influenciará arquitetos como Louis Kahn, que elaborou o *Rational City Plan* (1939) para a Filadélfia, um modelo operacional para uma metrópole de 2 milhões de habitantes.

O texto de Gropius sobre a Nova Arquitetura, em 1935, retoma e desenvolve a planificação racional por zonas. Ele escreve de forma premonitória:

> A forma de moradia chamada na Alemanha de *Flachbau* – casas separadas e com jardins privados – não é certamente a solução para todos os problemas, pois que, se difundisse de forma generalizada, levando aos extremos suas consequências lógicas, teria como resultado a inevitável desagregação da cidade.

Temos a impressão de assistir antecipadamente à explosão da cidade difusa, o fenômeno suburbano e o *sprawl*, as *villettopoli* anárquicas que dão uma forma ur-

---

[3] F. Howe, *apud* em Mancuso, *Le vicende dello zoning*, p. 252.

bana contínua à planície do rio Pó. Mas como reagir? Gropius indica o caminho:

> Nosso objetivo deve ser um tecido urbano mais livre, não mais desarticulado. Formas habitacionais horizontais e verticais, *Flachbau* e *Hochbau*, devem ser capazes de coexistir lado a lado. Seria necessário reservar o primeiro tipo às zonas suburbanas de baixa densidade populacional, e o segundo às áreas centrais populosas, sob a forma de edifícios de oito ou doze andares, providos de características tais que os tornem agradáveis à comunidade.[4]

DA PÓLIS AO *ZONING*

A própria origem da cidade está certamente ligada à zona murada, cercada: o Recinto (indo-europeu, *tun*; alemão, *zaun*; inglês, *town*; galo-romano, *dunum*).[5] É uma zona especializada, por exemplo, o Kitaj-gorod de Moscou (do tártaro *kita* = terreno murado) era a zona na qual se concentrava a atividade comercial da capital, proibida em outras vias da cidade.

Porém, a especialização por zonas da cidade remonta a um passado ainda mais distante. A orientação da cidade antiga e sua planta tradicional são, em toda par-

---

[4] W. Gropius, *La nuova architettura e il Bauhaus* (Milão: Abscondita, 2004), p. 83.
[5] G. Dumézil, *Gli dei dei Germani* (Milão: Adelphi, 2002), p. 139.

te, uma imagem do zodíaco: a cidade (com muros quadrangulares ou circulares) é dividida em quatro partes ou quarteirões,* cada um correspondente a três dos doze signos zodiacais, um cardinal e dois adjacentes. A forma, circular ou quadrangular, exprime a ideia de estabilidade que será conectada a uma construção fixa e permanente.[6]

Na cidade indiana antiga, a organização em zonas corresponde a quarteirões, cada qual atribuído a uma das quatro castas, cada qual correspondente a um dos quatro pontos cardeais. A cidade romana orienta-se pelo *cardos e decumanus*,** em cujo final eram colocadas as quatro portas correspondentes aos pontos cardeais. Aqui a divisão em quatro quarteirões sobrepõe a divisão em três tribos: cada uma das tribos correspondia a quatro cúrias distribuídas nos quatro quarteirões, de onde resulta uma divisão em doze.

Também os hebreus conheciam a divisão social em quatro quarteirões e doze tribos, posicionadas nos quatro pontos cardeais. Acampamento, cidade e país seguem a mesma ordem em diferentes escalas.

---

* No original, *quartieri* (bairros). Para manter o sentido da divisão em quatro, foi escolhida a palavra *quarteirão*, que, em português, tem a mesma raiz da palavra italiana. (N. do T.)

[6] R. Guénon, *Simboli della scienza sacra* (Milão: Adelphi, 1975 [1926]), pp. 95ss.

** Termos usados no planejamento urbano do Império Romano. Nas colônias de origem militar, cujo perímetro era retangular, rodeado de muralhas, *cardo* e *decumanus* perpendiculares, por vezes com pórticos, eram as formas de orientação principal. No ponto em que se cruzavam, localizavam-se os principais edifícios, o fórum romano e os templos. (N. do T.)

ZONA

Reencontramos essas zonas na pólis. Não de imediato, é verdade, porque no início as zonas não eram definidas. Antes das Guerras Persas parece que não havia na cidade uma clara separação entre zona destinada às atividades artesanais e outra reservada às construções sacra, pública e privada. Não há em Atenas um gueto dos artesãos, como, segundo alguns teóricos, Platão teria sugerido em *As leis*.⁷ Essa crítica deve, porém, ser imediatamente ponderada, pois não parece ser este o projeto de Platão.

De fato, a coabitação entre diversos, a reunião em um mesmo lugar de muitas pessoas que servem umas às necessidades das outras – como ocorre no Segundo livro de *A república*, de Platão – alude à definição de espaços, tanto comuns como privados. Em *As leis* e outras obras existem prescrições detalhadas sobre como organizar a população: em doze partes, cada uma sendo o local de instalação de uma tribo. Não parece que se possa falar de gueto, quando mais, somente de zoneamento. Mas leiamos o texto platônico:

> Do ponto de vista urbanístico, o núcleo central da Cidade será colocado justamente sobre esses locais santos, onde o terreno é mais elevado; aqui serão alojados os guardas, num posto, tanto quanto possí-

---

7   D. Musti, "L'urbanesimo e la situazione delle campagne nella Grecia clássica", em B. Bandinelli (org.), *Storia e civiltà dei greci*, vol. VI (Milão: Bompiani, 1979), p. 538.

vel, fortificado. Todo o resto do território deverá ser bem provido de artesãos divididos em treze grupos. Todavia, um destes, sediado na Cidade, deverá ser dividido assim como a Cidade em seu conjunto, em doze partes localizadas no cinturão externo.[8]

Não parece, pois, correto falar de gueto antes de divisões territoriais que acolhem de forma distribuída a função produtiva dos artesãos. E ainda:

> Cada aldeia também alojará as categorias artesanais que trabalham para a agricultura. Toda esta organização será supervisionada pelos agrônomos-chefes, os quais irão definir o número e o tipo de artesãos dos quais cada zona necessita [...] Os magistrados que ocupam o cargo de astínomo[***] se ocuparão, como sempre, dos artesãos residentes na Cidade.[9]

As zonas, no entanto, não são fechadas. Pelo contrário. Entre elas haverá circulação de *agronomoi*, jovens encarregados da vigilância, proteção e conhecimento do território. Verdadeiro *zoning* antes do seu tempo.

Essa ideia deve ser vista no sentido de circulação e passagem, não de fechamento. Como na observação de Benjamin a propósito das passagens: "É preciso distin-

---

[8] Platão, *Leis*, VIII, 848 C, em Platão, *Tutti gli scritti*, cit., p. 1.644.
[***] Na Grécia antiga, magistrado que, encarregado do cumprimento da lei da cidade, policiava as ruas. (N. do T.)
[9] *Ibidem*.

guir, de forma bem clara, limiar e fronteira. O limiar é uma *zona*, uma zona de passagem".[10] Se diferente de fronteira é o conceito de limiar é porque o primeiro representa uma barreira enquanto o segundo alude à passagem, à mudança. Limiar é o lugar onde o mundo é invertido (Bourdieu), limiar é passagem – entre sagrado e profano – acompanhado por guardiães (Eliade).

Mudança, passagem e fuga são os significados encerrados nessa ideia de limiar. Por isso existem os guardiães do limiar, deuses que presidiam a passagem à zona sagrada, máquinas de jogo colocadas na entrada das passagens parisienses. A zona é ao mesmo tempo abertura e fechamento. Benjamin anota: "completa ambivalência das passagens: estrada e casa".[11] Estradas e passagens são, de fato, as moradas da coletividade, que sai finalmente do interior fechado (o *intérieur* burguês) e se apropria dos espaços abertos.

Na Paris oitocentista dos saint-simonianos, existe a ideia de um zoneamento funcional para purificação da cidade, evacuando do centro todas as atividades sujas e poluentes – ideia já presente entre 1760-1770 na obra de P. Patte, *Mémoires sur les objets les plus importants de l'architecture*.

---

[10] W. Benjamin, *I "passages" di Parigi*, vol. 2 (Turim: Einaudi, 2002), p. 936.
[11] *Ibid.*, p. 942.

O urbanismo tem essa origem "sanitária". O zoneamento funcional não se lembra mais de sua origem sacra, mas se projeta na dimensão utilitária.

ZONING E DIVERSIDADE

Jane Jacobs,[12] em *Vida e morte de grandes cidades* apresenta a maior crítica contra o *zoning*, endereçada ao urbanismo prescritivo, que pretende determinar as disposições físicas e espaciais da cidade, mas que, assim fazendo, acaba por negar a capacidade de organização autônoma das comunidades (a mesma que Adriano Olivetti chamava a ordem política das comunidades). A crítica é direcionada à maciça "renovação urbana" de meados do século XX, à qual Jacobs contrapõe os conceitos vitais de *mixed uses, zoning for diversity, eyes on the street, defensible space*. Há, pois, uma tendência vital à comunidade urbana, espécie de pequena escala, que está sempre exposta à ameaça da "autodestruição pela diversidade", como nos casos da *gentrification* homologadora. Vida e morte da cidade, pois. No final de sua longa produção, Jacobs retoma o dilema e o deixa em aberto:

> A um determinado tempo é difícil dizer se estão em ascensão forças culturais de vida ou de mor-

---

[12] J. Jacobs, *Vita e morte delle grandi città* (Milão: Edizioni di Comunità, 2000).

te. Será o *sprawl* suburbano, com suas destruições de comunidades e devastações de solo um sinal de decadência? Ou o crescente interesse dirigido aos meios para superar o *sprawl* é um sinal de vigor e de adaptabilidade da cultura norte-americana? Ambas as direções poderiam revelar-se verdadeiras.[13]

Para essa segunda direção caminha a tese do economista urbano Edward Glaeser em favor do subúrbio norte-americano.[14] O modelo suburbano baseado no automóvel permitiu à classe média um melhor padrão de vida: casas mais espaçosas, centros comerciais menos caros, espaços verdes para todos, taxas de natalidade mais altas e até mesmo tempos de deslocamento mais baixos e maior integração social e racial. Tudo isso se tornou possível nos *exurbs* dos Estados Unidos, embora não tenha sido nos densos centros das metrópoles.

Algumas das teses de Glaeser estão certamente erradas. Por exemplo, sua ideia de que as áreas menos segregadas do país estejam no cinturão do Sul se choca com a evidência de que justamente naquela área um elevado percentual das novas construções é feita de "comunidades cercadas".

Glaeser admite, porém, que o modelo suburbano é insustentável do ponto de vista ambiental. Consome demasiada energia e demasiado espaço. Caso se disseminasse

---

[13] J. Jacobs, *Dark Age Ahead* (Nova York: Ramdon House, 2004).
[14] E. Glaeser, *Triumph of the City* (Londres: Pan Macmillan, 2012).

no mundo, representaria uma catástrofe. Ocorreria uma *carbon tax* que, curiosamente, teria um duplo efeito: levaria ao desenvolvimento de automóveis menos poluidores nos Estados Unidos, impulsionando a urbanização e a densidade nos países em desenvolvimento, como Índia e China.

Mais interessante é a crítica ao zoneamento apresentada de um ponto de vista do liberalismo ativo,[15] que exclui a intervenção impositiva sobre os usos do solo por parte de uma autoridade pública central. Essa visão não leva, porém, a excluir a necessidade de uma regulamentação, mas afirma que seria melhor recorrer a ordens sociais espontâneas asseguradas pela coordenação operada pelo mercado. A autoridade pública deveria autolimitar-se a poucas e rigidamente definidas regras de ação, a fornecer uma indispensável regulamentação geral e abstrata, deixando a sociedade apropriar-se novamente da autorregulação no uso do espaço. Tal abordagem enfatiza justamente os fracassos cognitivos e operacionais da planificação, mesmo que termine, em parte, por não ver as falhas cognitivas e operacionais do ator de mercado. O fato de que o ator público não seja capaz de conhecer, prever e tornar operacional a busca de um estado final desejado, não significa por si só que a coordenação do mercado seja capaz de assegurar "a realização dos incomensuráveis objetivos separados de indivíduos

---

[15] S. Moroni, *La città del liberalismo attivo* (Novara: Città Studi Edizioni, 2007).

separados".[16] Parece preferível uma busca à Mannheim, de uma planificação que concorra com a coordenação espontânea, que faz sentido se esta última for capaz de continuamente se reproduzir. Mas, mesmo a planificação, que Moroni considera apenas como prescritiva, poderia evoluir para formas processuais, interativas e estratégicas capazes de acompanhar e, em alguns aspectos, orientar cálculos e comportamentos de negociação entre os atores do mercado.

Para concluir, assegurar a diversidade e a *mixitè* é um valor, sem esquecer que eles estão em tensão permanente com a similaridade típica dos grupos primários (família, etnia ou associação) que é igualmente fundadora de nossas sociedades. Garantir a acessibilidade e a abertura é um atributo das metrópoles, mas uma acessibilidade contínua e ilimitada entra em conflito com a privacidade e a sua proteção. Entre esses dilemas deve-se mover a busca de uma difícil síntese.[17]

ZONAS (DEMASIADAMENTE) HOMOGÊNEAS

Nos mesmos anos em que Jacobs critica o zoneamento da grande cidade norte-americana no mais modernista dos países europeus, a França, um forte comando estatal cuida da planificação e da realização de novas zonas de

---

[16] *Ibid.*, p. 149.
[17] A. Bagnasco, "Estetica della serendipity", em A. Bagnasco, *Fatti sociali formati nello spazio* (Milão: Angeli, 1994).

construção social. São as ZUP (Zonas de Urbanização Prioritária) que, entre 1958 e 1973 chegam a 195, para a criação de 2 milhões de novos alojamentos.

De pronto, o que foi inspirado pelas *villes radieuses* tornou-se espaço de desterro para categorias sociais "sensíveis": imigrantes e desempregados são duplamente representados em relação à média do país. Desse modo, são construídos, em vez de novas catedrais a serem inseridas no espaço vazio, novos locais de exclusão e de discriminação negativa.[18]

Atualmente, a história continua com as ZFU (Zonas Francas Urbanas), uma centena em toda a França, nas quais empresas que criam empregos são isentas do pagamento de tributos desde que empreguem pelo menos 25% da população habitante na zona. O efeito paradoxal é que nas ZFU se verificaram mais tumultos de *banlieue* que em outros locais urbanos.

Junto a elas, as ZUS (Zonas Urbanas Sensíveis) são sobretudo zonas nas quais residem cerca de 4,5 milhões de habitantes (um décimo da população francesa), famílias numerosas, estudantes com desempenho escolar desastroso, percentuais altíssimos de jovens desempregados, e naturalmente onde se concentra a imigração recente.

Porém não são guetos, pelo menos no sentido norte--americano.[19] O *banlieue* francês e o gueto norte-americano permanecem como duas constelações socioespaciais

---

[18] R. Castel, *La discrimination négative* (Paris: Seuil, 2007).
[19] Ibid.

profundamente diversas. Embora ambas sejam zonas de degredo social, diferem em relação aos mecanismos de tipo institucional e estrutural: de um lado, a exclusão com base racial perpetuada pelo Estado e pela cultura nacional; de outro, a segregação fundamentada na classe, apenas em parte corrigida pelas políticas públicas. De fato, na cidade norte-americana, assiste-se, como já vimos no capítulo 3, "Borda"), a uma política urbana de abandono intencional por parte do Estado a partir dos anos 1960. "Aqui é como um território esquecido", são as palavras de um policial da brigada de intervenção de Wentworth, no coração do gueto sul de Chicago. Um agente para cada 277 crimes graves cometidos, seis vezes menos que o distrito vizinho branco e burguês da Gold Coast. Por sua vez, nas periferias parisienses, o acesso à cidade e o montante dos investimentos de apoio as transformam em zonas menos desfavorecidas do que outras áreas marginais ou rurais francesas. A relegação dessas zonas é mais complexa do que a espacial ou racial. Nem mesmo são zonas de segregação cultural: 87% dos jovens argelinos declaram o francês como primeira língua. Aqui, são os tratamentos institucionais que fazem a diferença, sobretudo os da polícia e da magistratura. A probabilidade de acabar na cadeia é dez vezes superior para um jovem nascido de pai magrebino do que para um jovem nascido de pai francês. São fortes as discriminações escolares e ocupacionais em relação aos jovens franceses de origem extraeuropeia.[20] Em resumo, o Estado ocupa-se deles até demais quando se trata de impor a própria autoridade, mas muito pouco quando se trata de criar condições para uma plena cidadania social. "Efeitos de lugar", como Bourdieu denominou os resultados diretos ou indiretos, desejados ou inesperados, da intervenção estatal sobre o espaço.[21] O espaço social é definido aqui pela mútua exclusão por parte de cada agente social em relação aos outros. Portanto, como lugar, espaço físico no qual se situam e se posicionam agentes dotados de capital econômico, social e simbólico diverso, capazes de excluir outros, capazes de ocupar posições exclusivas. De impor um princípio de visão e de divisão legítimas, que são socioespaciais e mentais porque moldam as atitudes dos agentes. Aqui não existe um não lugar que se mantenha, nem cidade genérica e homologadora; aqui existem processos extremamente poderosos de "distinção". Essa categoria indica como o espaço pode ser o local no qual o poder exercita uma violência simbólica como violência não percebida. Os espaços da arquitetura exercitam esse papel de poder simbólico que cria e mantém as distâncias – é uma pena que Augé não tenha refletido bastante sobre essa dimensão da arqui-

---

[20] É quase duplo o percentual dos jovens desempregados franceses de origem extraeuropeia em relação aos seus coetâneos de origem francesa; cinco vezes menor a probabilidade de conseguir uma entrevista de emprego em razão da origem étnica do requerente. Todos os dados in R. Castel, *La discrimination négative*, cit., pp. 121ss.
[21] P. Bourdieu, "Effects du lieu", em P. Bourdieu (org.), *La misère du monde* (Paris: Seuil, 1993).

tetura. Salvo talvez quando, como etnólogo, analisou os locais nos quais se cruzam, sem se tocar, os fluxos dos *cosmopolitan businessmen* e dos jovens da periferia como no metrô parisiense. A mobilidade espacial individual, o passar de um lugar ao outro, é marcador do poder que deriva de um capital econômico, social e cultural acumulado. Enquanto se pode ocupar um *habitat* sem habitá-lo realmente, se não se possui o *habitus* adequado, se é expulso por um inexorável efeito de clube que mantém as distâncias sociais. E, nesse ponto, o Estado é um grande construtor político do espaço.[22]

Onde o Estado pretendeu imprimir às cidades uma forma do alto e do centro, como na França, o espaço social foi por ele profundamente assinalado. Onde principalmente se expressou o puro "racionalismo do mercado", como na América, não se avançou além do caleidoscópio de fragmentos para as cidades como caixas, aquelas formas que Sombart via na cidade norte-americana.

A CIDADE-SEQUÊNCIA

Na região urbana, feita de uma trama de percursos, radiais e principalmente em rede, difusas e interseccionais, que direções podem criar uma composição? Em termos mais sociológicos: que efeito de composição é possível entre processos individuais nos quais cada ator

---

[22] Toda a análise sobre o papel do Estado e o espaço de Bourdieu me parece fortemente sintonizada com o trabalho clássico de H. Lefebvre.

vagueia e se posiciona por sua conta em uma "totalidade disseminada", na qual os atores vagueiam, se posicionam e se contextualizam em formas continuamente variáveis? Lynch[23] falou de sequência, uma continuidade sequencial na qual cada parte emana da precedente, um sentido de interconexão de cada nível e em toda direção. Existiriam zonas particulares na qual o habitante se reconhece e compartilha com outros: voltam à mente os sociólogos de Chicago para os quais cada zona é colorida pela personalidade de quem a habita, mas também Joyce no *Ulisses* ("*each street different smell*"). Entretanto, grande parte das extensões periféricas de regiões metropolitanas apresenta este problema: não possuir uma nova imagem, nem uma estrutura e uma identidade, senão fracas. Para elas é necessário projetar, por parte do *designer*, uma nova imagem. Essas zonas particulares, ou áreas naturais, ou ainda outra coisa – Lynch as chama, precisamente, de sequências –, "para cada indivíduo poderiam ser mais intensamente sentidas ou organizadas", mas a região seria contínua, mentalmente viável em todos os sentidos. Essa possibilidade, conclui Lynch, "é altamente especulativa: dela nenhum exemplo concreto vem à mente".

Uma possível aplicação da cidade-sequência poderia ser obtida naqueles mundos de *urbanização contínua* que caracteriza regiões contemporâneas inteiras, como a Califórnia e, em certos aspectos, a megalópole milane-

---

[23] K. Lynch, *L'immagine della città* (Veneza/Pádua: Marsilio, 1964), p. 129.

sa. A sequência de construções, em geral indiferenciadas, urbanas e funcionais dessas regiões contínuas, representa para o indivíduo que as atravessa uma experiência de percurso desorientadora. Essa desorientação é o fruto da perda de elementos comuns primários, de tradições e de sentimentos em comum. O fato de que em semelhantes situações não haja vínculos orgânicos de vida comunitária, impele os indivíduos a pertencerem a uma comunidade completamente diferente. Emerge então uma ideologia, uma justificação da própria posição contra a posição dos outros. "Somente quando o lugar que o indivíduo ocupa no mundo é determinado pelo *status* econômico e não pela tradição, ele se torna efetivamente um desarraigado, um ser privado de casa nesse mundo."[24] Encontramos um bom exemplo dessa condição no *manager* desenraizado do Vale do Silício, descrito por Sennett, ou no habitante desnorteado e amedrontado da megalópole milanesa.

Não nos reconhecemos em nenhum desses lugares, que representam uma "ribalta" de não lugares (barracões industriais, infraestruturas para a mobilidade, centros comerciais). Somente observando os "bastidores" desses territórios é possível, a essa altura, colher algum elemento que lhe expresse a localidade: alocações de bairros, vilas urbanas, espaços marginais, às vezes campos de nômades, diversas descontinuidades. Mas o passante que atravessa

---

[24] H. Arendt, "Filosofia e sociologia", em H. Arendt, *Archivio Arendt*, vol. I, "1930-1948" (Milão: Feltrinelli, 2001), p. 82.

esses territórios, como estrangeiro, não tem acesso aos espaços públicos, que estão drasticamente reduzidos nessas regiões. Não há quase praças. Em geral a rua (ou a autoestrada e a ferrovia) é o único espaço público. Não há nenhuma interpenetração entre espaço público e privado, entre rua e casa; nada que se assemelhe àquela vida privada porosa, fragmentária e descontínua que Benjamin notava na grande cidade meridional, ou na combinação de cidade e aldeia na Moscou bolchevique.[25]

O espaço, atualmente, foi privatizado tanto na dimensão de fachada como na dos bastidores. É plenamente aplicável, aqui, a definição de Goffman: "um território pode ser definido como qualquer espaço que seja delimitado por obstáculos à percepção".[26]

O jogo de cena e os bastidores dizem respeito a cada moradia (a parte da frente é assegurada e selecionada para pessoas de certo *status*; a parte de trás é bem menos atraente e é relegada às funções de serviços) ou a cada bairro residencial (subúrbio rico que é colocado à mostra, bastidores de construções populares ou de zonas marginais). Esse jogo diz respeito a toda a região, que também tem um *front* (a fachada urbana contínua) e um *back* (as zonas residenciais e produtivas difusas e confusas).

Com o fim da "vizinhança", reduzida às relações de proximidade e aumentada às de distância, resta compre-

---

[25] W. Benjamin, *Immagini di città* (Turim: Einaudi, 2007), pp. 13 e 52.
[26] E. Goffman, *La vita quotidiana come rappresentazione* (Bolonha: Il Mulino, 1969), p. 127.

ender que espaço de interação poderá ser reconstruído nas regiões contínuas nas quais se realizou plenamente a dissolução dos lugares em não lugares.²⁷

A CIDADE-AGLOMERADO

Uma perspectiva diferente de zoneamento foi adiantada por Mumford. Também ele parte da resistível ascensão do subúrbio: porém, antes de se tornar a atual "informe exsudação urbana", o subúrbio possuía uma forma e uma regularidade. Era o que permitia, originalmente, a conexão ferroviária: "a linha ferroviária, com paradas distantes entre si de 5 a 8 quilômetros, fixava um limite natural à expansão de cada comunidade". No modelo celular de Mumford, "entre um subúrbio e outro restava uma faixa verde natural" e, "às vezes, em poucas zonas felizes como Westchester, entre 1915 e 1935, uma estrada-parque, como a Bronx River Parkway, acompanhada por uma tira ininterrupta de verde para os pedestres, ainda não estava infestada pelo fluxo contínuo do tráfico metropolitano, acentuando a perfeição do esquema urbano". A possibilidade de um esquema alternativo de subúrbios também havia interessado Alfred Marshall, o grande economista inglês, a ponto de fazer com que ele propusesse, um século antes da *congestion charge* londri-

---

²⁷ J. Kluger, "Nachbarschaft-Vicinato", em P. Perulli & M. Vegetti (orgs.), *La città. Note per um lessico socio-filosofico* (Mendrisio: Accademia di Architettura di Mendrisio, 2004), p. 69.

na, um imposto nacional sobre o ar limpo com o objetivo de criar faixas verdes permanentes ao redor das cidades inglesas. Se essa proposta tivesse sido seguida

> providenciando um zoneamento justo, leis precisas sobre a exploração dos terrenos e a aquisição, por parte das comunidades, de vastas áreas destinadas ao uso residencial em correspondência a cada ampliação de grandes estradas, teria sido possível uma transformação radical do esquema urbano.[28]

Essa transformação é representada pela "cidade-aglomerado", um modelo de *clusters* urbanos colocados "numa matriz permanentemente verde para formar uma nova unidade política e ecológica".[29] De fato, esse novo tipo de cidade inspira-se no modelo de federação, ou precisamente, de *cluster*: dez cidades de 30 mil habitantes federados produziriam as mesmas vantagens de uma cidade de 300 mil, evitando, porém, seus elementos externos negativos. Modelo que já intui a "forma potencial da cidade volátil do futuro [...] um complexo regional poroso e policêntrico apto a funcionar como um todo".[30] Visão holística, utópica, porém fascinante: talvez matriz inconsciente de muitos fenômenos dispersos, descentralizados, distritais, "espumosos", os quais, sem

---

[28] L. Mumford, *La città nella storia*, vol. III (Milão: Bompiani, 1991[1961]), p. 627.
[29] *Ibid.*, p. 647.
[30] *Ibid.*, p. 645.

um governo central, estão se difundindo no universo urbano contemporâneo.

A CIDADE-LABORATÓRIO

O que está tornando as cidades cada vez mais parecidas com aglomerados, *clusters* e outras formas elásticas e flexíveis é a transformação do trabalho. A passagem da cidade-fábrica à cidade-laboratório está ocorrendo sob nossos olhos: não tanto pela desmaterialização do trabalho como por transformá-lo em sistemas reticulares, plásticos, celulares e até mesmo líquidos. Fruto do crescimento do trabalho intelectual e do conhecimento, do trabalho autônomo e do trabalho flexível.

O que entendemos hoje por local de trabalho é o escritório, porque, pelo menos na Europa e na América do Norte, a fábrica é um fenômeno que está desaparecendo e está sendo transferido para outras partes do mundo.

Essa definição surge na conversação entre Rolf Fehlbaum, diretor da empresa suíça de móveis Vitra, e Deyan Sudjic, diretor da oitava edição da Bienal de Arquitetura de Veneza, em 2002, na seção dedicada aos espaços de trabalho. Ironicamente, justamente naquela seção, ao lado dos escritórios e nas sedes projetadas por David Chipperfield e Alberto Campo Baeza, surge o BMW

Event and Delivery Centre de Leipzig projetado por Zaha Hadid.

Portanto a fábrica não desaparece rumo a outros continentes, como afirma uma versão talvez demasiadamente difusa da globalização. Esta não leva em consideração os diversos Vales do Silício que crescem como cogumelos no espaço denso das grandes plataformas pós-metropolitanas ou nos rarefeitos ambientes *high tech* de Massachussets ou de Cambridge, na proximidade das plataformas logísticas em torno a Roissy-Charles de Gaulle, ou nos distritos mecatrônicos alinhados ao longo da via Emilia ou na periferia de Turim, na Itália.

Mas algo efetivamente "desaparece", senão a fábrica. Esse algo é principalmente o trabalho. Ou melhor: aquela imagem do trabalho que carregamos conosco do século XX como "século do trabalho" e, ainda antes, aquele trabalho que para Hegel transforma o mundo no perene conflito de reconhecimento entre servo e senhor. Esse trabalho que se localizava "sob um único teto", segundo o modelo paleotécnico da arquitetura do século XIX do qual o Crystal Palace é o protótipo, tantas vezes retomado (ou traído) nas catedrais do trabalho moderno.

Em 1995, um ditoso livro de Jeremy Rifkin, *O fim dos empregos*, preconizava o advento de uma era que nos livraria, graças às novas tecnologias, da necessidade de trabalhar. Uma réplica foi apresentada pela estudiosa norte-americana J. Schor, que afirmava o oposto: entramos numa era de superemprego, e este *overwork* nasce justamente das formas do trabalho cognitivo e pós-industrial da época do conhecimento, que não dão trégua e abolem as fronteiras entre trabalho e não trabalho, entre casa e empresa. O trabalhador cada vez mais individualizado torna-se ele próprio uma empresa individual que não cessa de dar a própria contribuição, em geral em equipes ou em projetos, às modernas e imateriais fábricas do conhecimento.[31]

Atualmente é, então, necessário reformular assim a pergunta: "onde foi parar o emprego na época das redes?" Uma época na qual, não inovações singulares, mas um paradigma inteiramente novo se impõe com a pretensão de unificar o mundo, exasperando o processo de racionalização e ao mesmo tempo modificando as formas da interação em rede.

O projetista de sistemas, o operário de produção, o logístico que movimenta as mercadorias pertencem à mesma empresa, porém cada vez mais estão situados em circuitos espaço-temporais extremamente diversos. O projetista que desenha circuitos trabalha em sua empresa em Palo Alto com outros projetistas espalhados pelo mundo. O mesmo é válido para o *designer* que produz centenas de modelos de sapatos na empresa de Treviso e dialoga com outros *designers* na Califórnia. Depois, o couro será curtido na Índia e confeccionado na China. Mas outros se ocuparão disso: comerciantes e encarregados da logística.

---

[31] S. Bologna, *Ceti medi senza futuro* (Roma: Derive/Approdi, 2007).

Por isso o espaço não representa mais a possibilidade de estar juntos, como foi certamente na época fordista.

A BMW Central Building de Zaha Hadid[32] apresenta-se como um sistema nervoso central, um cérebro, uma estrutura cognitiva do trabalho industrial. Aqui o edifício é um "nó" no qual se cruzam os "filamentos" do trabalho, as redes nas quais o trabalho é decomposto. Os filamentos são reunidos no nó e desse ponto partem novamente. A fábrica, portanto, não desaparece, segundo o modelo ingênuo da *disappearing factory*. Ao contrário, é o emprego que se liquefaz, torna-se líquido (como observou Bauman). O trabalho funde-se e decompõe-se em grupos, equipes, interações provisórias e de duração limitada: *task force,* grupos de projeto, trabalho intermitente destinado a desaparecer no final do projeto, para depois se recompor em outras formas e com outros parceiros. O trabalho pós-fordista transforma-se numa corrida contínua de um projeto ao outro, como observou Rosabeth Moss Kanter, a estudiosa norte-americana de gerenciamento.

Na BMW, essa estratégia de planejamento aplica-se aos ciclos e às trajetórias das pessoas, trabalhadores e visitantes, como também aos ciclos da linha de produção que atravessa esse ponto central, partindo e retornando novamente. Portanto, um espaço onde se cruzam fluxos de pessoas, de mercadorias, de profissionais, de forne-

---

[32] Sigo a descrição de Melene Binet que acompanha o projeto no *site* de Zaha Hadid.

cedores e, definitivamente, de conhecimentos "trazidos" por diversas pessoas e destinados a se combinarem e, depois, a desaparecerem em vista de novas interações. Hadid, que certamente conhece a lógica matemática, joga ao desconstruir e reconstruir espaços, segundo uma gramática desconstrutivista que relembra a de Derrida, o filósofo especialista em arquitetura. Uma fábrica do conhecimento, pois? Um lugar onde o trabalho do conhecimento pode ser expresso e reproduzido? Certamente estamos distantes dos lugares aos quais Nietzsche, em *Gaia ciência,* dedicou um denso aforismo intitulado, precisamente, à arquitetura dos homens do conhecimento.

> É preciso que, em algum momento e provavelmente em algum momento próximo, percebamos aquilo que acima de tudo falta às nossas grandes cidades: lugares silenciosos e espaçosos, de ampla extensão, para refletir, lugares com altas e longas galerias para o mau tempo e o sol demasiado, onde não penetre o ruído das carruagens e dos ambulantes e onde um senso de educação mais refinado proibiria mesmo ao padre de pregar em alta voz: construções e jardins públicos que em seu conjunto expressem o caráter sublime da meditação e do isolamento.

Os lugares do conhecimento são mais semelhantes às formas estudadas por Manuel Castells, cuja trilogia *Information Age: Economy, Society and Culture* (1996-1998) apresenta um quadro crítico importante e seletivo. O conhecimento está realmente onipresente, ocorre em todas as partes a sua difusão em nossa época da inteligência distribuída? Ou ele também não segue essa lógica da aglomeração, densidade e concentração espacial? Castells evidencia os fatores básicos da sociedade em rede que fazem coincidir os nós da rede com as grandes áreas metropolitanas, cidades e metrópoles, megacidades em perspectiva (como aquele "conglomerado" urbano de 40-50 milhões de habitantes que está surgindo entre Hong Kong e a China meridional, candidatando-se a ser um dos centros de comando do capitalismo global no século XXI).

Além disso, todo o processo foi iniciado em alguns lugares e não em outros: na região californiana, principalmente, naquele extremamente denso *network* de indivíduos e instituições que criou o Vale do Silício e depois o conectou às (poucas) demais áreas mundiais que produzem o novo conhecimento. Castells, enfim, está atento às dimensões da concentração do capital, poder e conhecimento no espaço.

Por outro lado Beck, Bauman e Giddens enfatizam que, na época da "modernidade líquida", a perda da solidez manifesta-se como queda do caráter físico do mundo, remoção de barreiras, superação ou porosidade das fronteiras, libertação da rigidez temporal. As primeiras vítimas dessa nova geografia da sociedade são as instituições, pelo fato de, por sua natureza, serem estáticas e "sedentárias".

A CIDADE-CANTEIRO DO CONHECIMENTO

E o conhecimento? Como pode ser avaliado com a tendência, enfatizada aqui, da liquefação do mundo? O tema é retomado por Enzo Rullani em *La fabbrica dell'immateriale*.[33] O poder é aqui representado como "capacidade de acessar o reino das experiências possíveis e desejáveis" e, neste ponto, afasta-se do velho modelo de expropriação para alcançar uma dimensão comunicativa. O capitalismo comunicativo declina com o poder comunicativo, conclui Rullani.

Mas o poder de comunicar não é nem um pouco neutro. Este toma forma em "dispositivos", utiliza-se de "mídias" comunicativas. Aqui seriam necessários Foucault e Derrida para desconstruir o poder, para propor uma sua "microfísica" para a época das redes.

O poder do conhecimento constrói o futuro, ou melhor, os futuros possíveis. Pode-se dizer que até hoje o planejamento do conhecimento, mesmo em nossa época de racionalidade limitada e sem objetivos finais, foi o que liderou o mundo. Mas o tema atualmente se complica: como avançar na exploração do conhecimento depois de ter sido reconhecida e plenamente afirmada a rede técnica sem objetivos nem finalidade? Talvez a rede vá conce-

---

[33] E. Rullani, *La fabbrica dell'immateriale* (Roma: Carocci, 2004). Essa obra é uma das contribuições mais originais da nova economia do conhecimento, junto com os trabalhos da escola francesa de Latour, Callon e Foray.

der a primazia à visão oriental-processual em detrimento da ocidental-racional?

A mudança, nas fases da propagação e do consumo, do centro de gravidade da economia do conhecimento irá liberar novos espaços de ação para países, regiões e sociedades hoje marginais. A intenção é clara: se o capitalismo comunicativo pudesse realmente "divulgar" um modo de integração do conhecimento, do saber local-pessoal e das modalidades criativas de auto-organização, todo o edifício mundial seria tomado por uma profunda reestruturação.

A conclusão de Rullani sobre a fábrica do imaterial é dedicada à seguinte "fábula": a nova aliança entre modernidade, comunicação e estética. Modernidade como racionalidade, que não acabou, apesar do 11 de Setembro de 2001 e da programática natureza do "risco global" da segunda modernidade. Comunicação como forma de compartilhar que pode ser estendida a todos os participantes da nova economia das redes. Estética como fruição dos prazeres de comunicar e de criar entre pessoas orientadas não mais pela lógica do dinheiro, mas pela lógica do sentido, dos significados pessoais. A ação social não seria mais determinada por uma lógica de poder-dominação, mas se traduziria numa modalidade "expressiva" do sujeito. Estética como fruição do quê? George Bataille diria da *dépense*, do excedente, do suplementar, de tudo que vai além da utilidade e da lógica utilitarista. E que, portanto, vai além da economia que é troca e cálculo, para entrar no reino do dom e da amizade.

A cidade é, para Rullani, um canteiro no qual a desconstrução e a reconstrução se interrogam sobre o problema do sentido. De fato, as redes não têm um caráter reflexivo próprio, são apenas instrumentos para pôr em comunicação diversas comunidades de sentido. As cidades, portanto, são as novas arenas transepistêmicas chamadas a fornecer regras comuns às inúmeras comunidades de sentido concorrentes que abundam no espaço, por isso, a mesma dissipação espacial da cidade-região, seu caos e a sua criatividade reencontram aqui uma razão própria.

Assim também no microcosmo da BMW de Zaha Hadid desfruta-se plenamente a inevitável sequência de *back* e *front*, de zonas recuadas e zonas frontais que "regionalizam" o espaço. A organização do edifício desfruta da óbvia sequência de fachadas e de partes recuadas para dividir em fases as diversas atividades, as públicas, as mais e as menos tranquilas. Há aqui uma consciência da dualidade frente-fundo que caracteriza toda estrutura social no espaço, seja um único edifício, uma região ou o mundo inteiro. Por todo o lado, existem zonas de fachada e zonas recuadas: nas primeiras são realizadas as práticas sociais visíveis, enquanto nas últimas, nos bastidores, cumprem-se outras práticas que não devem ser vistas, mas que são essenciais à reprodução do conjunto social. Aqui, no edifício para a produção, o dualismo é depois articulado entre espaço público e espaço do conhecimento, que estão em sequência: há o encontro e a interação dos fluxos, mas há também a zona reservada à silenciosa atividade da mente, como no aforismo de Nietzsche.

O sistema de fábrica mostra-se e esconde-se: há zonas de produção onde o espaço é aberto ao público e à vista, e zonas subterrâneas que excluem o acesso visual.

É o que o sociólogo norte-americano Richard Sennett fala num trecho de *A cultura do novo capitalismo*: a empresa como um aparelho de MP3. "Um leitor de MP3 pode ser programado de modo a reproduzir os títulos selecionados em qualquer sequência desejada. Mesmo numa organização flexível pode-se variar à vontade a sequência da produção." Nessas empresas, sobretudo nas novas empresas *high-tech* do conhecimento, conclui Sennett, "o desenvolvimento linear foi substituído por um pensamento disposto a mover-se por saltos".[34] Acrescentemos que a cidade, como já foi dito anteriormente, é precisamente a sequência que contém todas as demais sequências.

Na fábrica da BMW de Hadid, o espaço transparente e visível entra até no núcleo central, no coração do edifício. Um centro que não parece mais querer controlar tudo, como no edifício industrial fordista da Ford de Detroit, ou da Fiat, na Turim do início do século XX.

---

[34] R. Sennett, *La cultura del nuovo capitalismo* (Milão: Feltrinelli, 2005).

Ali, os escritórios ficavam sobre as fábricas para exercer o controle. Hoje em dia, o controle não desapareceu como afirma a ingênua hipótese pós-industrial, porém foi entregue ao autocontrole interiorizado pelos operadores, com a assistência de dispositivos técnicos. O panóptico de Foucault é, atualmente, a vigilância computadorizada, outro ambivalente destino da máquina inteligente pós-fordista.

A arquitetura que acompanhou o século XX como século do trabalho assistiu com sabedoria crítica essa evolução das formas de controle. Do "taylorismo" de Gropius e da empresa racional do movimento moderno, se passou, no século XXI, às formas curvilíneas da Biblioteca de Turim, de Mario Bellini, ou à longa faixa vermelha do *Kilometro*, de Jean Nouvel, próximo a Bérgamo. Duas instalações emblemáticas das mutações em curso. A primeira representa o lugar do conhecimento, biblioteca e teatro, que põe à mostra o trabalho cultural tanto quanto, oitenta anos antes nessa mesma cidade, os estabelecimentos Fiat Lingotto e Mirafiori haviam escondido e vigiado o trabalho industrial. A segunda, o *Kilometro* vermelho de Nouvel, protege do tráfico rodoviário os centros de pesquisa industriais e universitários, quase convidando o trabalho do conhecimento ao silêncio e ao isolamento do aforismo de Nietzsche, ao mesmo tempo em que o exibe, chamativo ponto de referência, aos que transitam sem parar na autoestrada entre Milão e Veneza, e o torna símbolo da mobilidade "sem objetivo" que nos guia.

APÓS O *HOMO FABER*

O *homo faber*, o construtor do mundo, era guiado por ideais de permanência, estabilidade, durabilidade.[35] Sua cidade era a cidade da obra destinada a durar, resistente ao tempo e, portanto, destinada a dar estabilidade à vida humana. Não porque os objetos que ele produzia fossem eternos, mas porque a fabricação do *homo faber* era guiada por um modelo, este sim, destinado a durar além do processo de construção. No entanto, mesmo a sua obra, por ser instrumental, tem um começo e um fim. Ele maneja instrumentos com um objetivo, mas se a cadeia meio-fins não for interrompida nós perdemos o significado e o valor das coisas.

O advento do trabalho industrial, na forma do *animal laborans*, torna obsoleto o *homo faber*, mas não a necessidade de modelos que ele trazia dentro de si. É o tema da direção de sentido, que não é assegurada, ao contrário, é indiferente à época das redes. Até aqui, acumulamos pequenos modelos, fragmentos de modelos: ideias como a "cidade das cidades", a miniaturização flexível, a autossuficiência, a compactação, o sequenciamento, o agrupamento em *cluster*. Eles devem ser dimensionados em relação a outros gigantes: a fluidez, a liquidez do mundo. É como se esses modelos, essas ideias, resistissem a uma

---

[35] H. Arendt, *Vita activa* (Milão: Bompiani, 1988[1958]), no qual todo o parágrafo foi inspirado.

força que impele à superação do obstáculo representado pela "estabilidade do artifício humano".[36]

No entanto, basta olhar os projetos de arquitetura, principalmente aqueles dedicados aos locais de trabalho,[37] para verificar como esses modelos são continuamente retomados. O edifício logístico robotizado busca "raízes sólidas", o grande falanstério da nova produção dos meios de comunicação de massa é construído em volta de um "centro" próprio, a fábrica formada por um teto e uma tela vegetal remete à *usine-verte* de Le Corbusier, a empresa que produz máquinas a *laser* inspira-se num campus universitário totalmente voltado para o exterior e baseado em padrões individuais flexíveis.

Embora imersos em ambientes extremamente diversos, o *sprawl* urbano do nordeste da Itália, a estrada ao longo do rio de Glasglow, o campo suíço e a paisagem agrícola alemã marcada por rodovias têm em comum o apelo ao *zoning* e o respeito pelo ambiente. Não se vê nenhum convite a "que se dane o contexto". É possível que na era do trabalho líquido, da planificação entregue a redes fluidas de indivíduos, de interação remota, ainda exista a necessidade de ideias de cidade, e até mesmo de "comunidades concretas" entre as quais buscamos um sentido para agir. Essa produção de sentido é, pois, também uma construção incessante de mundos vitais.

---

[36] *Ibid.*
[37] Os projetos aos quais se faz referência, no texto, foram extraídos da revista *Casabella*, nº 766 (Milão, 2008).

5
Vazio

Não damos, pois, especial importância ao nome da cidade. Como todas as metrópoles, era constituída por irregularidades, alternâncias, precipitações, intermitências, colisões de coisas e de eventos, e, entre eles, pontos de silêncio abissais, por trilhos e por terras virgens, por uma grande batida rítmica e pela eterna discordância e subversão de todos os ritmos, e no conjunto assemelhava a uma bexiga em ebulição colocada num recipiente feito de matéria de casas, leis, regulamentos.

Robert Musil, *O homem sem qualidades*.

O espaço vazio e abandonado – a *friche*, a área em desuso, a *derelict area*, as *gray areas* – está próximo ao centro ou às margens da cidade. Organiza o espaço pleno e, como na Viena de Musil, pontua a vida metropolitana com silêncios repentinos. O vazio urbano dá sentido à moderna cidade compacta, enquanto é consumado e banalizado pela cidade difusa e "genérica".

Mas o espaço vazio, os terrenos baldios, é a metáfora de uma lei mais profunda: a lei da ocupação como atividade humana e a lei da unificação do espaço num globo sem mais fronteiras. O ilimitado como fim último da terra que é, desde o início, próprio do mar.[1] Terra e mar na era global.

Vazio é também ausência e significa o nosso desenraizamento de uma terra não mais vivenciada como nossa, o que nos torna nômades e que podemos estar agora enraizados apenas pela "ausência de lugar".

LUZ-SOMBRA, CHEIO-VAZIO

Um dos grandes arquitetos do século XX, Louis Kahn, em *Architecture: Silence and Light* (1968), escreve que

> o fundamento da arquitetura coincide com a transformação dos espaços a serviço das instituições humanas. Na aura do silêncio e da luz, a inspiração a existir, fazer e expressar, reconhece as leis que abrem o possível [...] A tensão nasce do desejo, da espera por aquilo que ainda não foi criado.[2]

Kahn aproxima-se, mais que qualquer outro, da ideia de visão como desejo, cuja etimologia da palavra, como foi dito anteriormente, já contém em si. Daí o papel do

---

[1] F. Rosenzweig, *Globus. Per uma teoria storico-universale dello spazio* (Milão/Gênova: Marietti, 2007 [1917]), p. 35.
[2] L. Kahn, "Architettura: silenzio e luce", em M. Bonaiti (org.), *Architettura è. Louis Kahn, gli scritti* (Milão: Electa, 2002), p. 136.

artista e a sua extraordinária capacidade de criação: "O artista conhece a vida antes de seu início".[3]

Talvez esteja aqui o espaço do projeto: "Os novos espaços que querem se manifestar surgirão dos projetos que serão expressões da ordem do movimento, que distingue o intermitente do contínuo avançar e da pausa".

O projeto antecipa: "A configuração das ruas para os específicos movimentos que deverão acolher irá preceder a subdivisão dos terrenos que serão usados".[4]

A arquitetura avança mediante intervenções no espaço, e o jogo de cheio e de vazio é essencial aqui. A cidade avança por formas cheias e vazias, entre estas estão a praça, o parque central, o bosque urbano e periurbano, o cinturão verde. Os espaços vazios têm o valor de pausas, de interrupções. São atentamente projetados e salvos da banalidade da cidade genérica. Qualquer civilização deveria ser consciente disso, não apenas a ocidental, que mais impulsionou a pretensão modernista. Junichiro Tanizaki escreveu um delicioso texto em 1935:

> Há algum tempo, um jornalista do *Asahi* de Osaka insiste em atacar as autoridades regionais que, para a construção da rodovia do parco de Minoo, destroem os bosques e nivelam as colinas. Sua batalha me parece um sintoma reconfortante. É puro vandalismo eliminar aquele mundo de sombras que é

---

[3] *Ibid.*, p. 143.
[4] *Ibid.*, p. 75.

o grande presente dos bosques. A esse ritmo, para tornar acessíveis às multidões os locais ilustres que cercam Nara, Kyoto, Osaka, acabaram por aplainar e erodir todos os campos que cercam essas cidades.[5]

Os espaços vazios são também elogio da sombra, das formas sensitivas diversas da visual: auditiva, olfativa e tátil que nossa civilização ocidental atrofiou. Sombra como experiência de suspensão, de pausa, que a modernidade ocidental deseja abolir com a iluminação e a visão plena. A cultura oriental tem um ponto de vista que se perderá se seguir o modelo ocidental do máximo consumo de espaço, do desperdício de iluminação e de energia.

A difusão global desse modelo produz em igual medida desenvolvimento e destruição porque identifica no desenvolvimento a destruição de todo o "vazio", de toda "pausa", de toda "medida", diminuídos a um resíduo a ser suprimido e colonizado.

Abandonamos a estrada que percorríamos há milênios. Caminhamos, agora, numa outra direção. Muitas dificuldades e muitos inconvenientes surgiram nesse desvio.

Realmente modestos, admito, eram os progressos alcançados por nós nos últimos quinhentos anos. Quem viaja aos campos da China ou da Índia descobre formas de vida recém-modificadas, dos tempos

---

[5] J. Tanizaki, *Libro d'ombra* (Milão: Bompiani, 2005), p. 89.

de Confúcio ou de Buda. Talvez, se tivéssemos continuado fiéis a nós mesmos, não teríamos saboreado os frutos do desenvolvimento. Simplesmente, teríamos persistido em modos de viver mais agradáveis para nós. Ou, talvez, à nossa maneira, tivéssemos lentamente progredido.[6]

Aceitar o vazio assume aqui o significado de resistir a uma visão unilateral de progresso. Recusar a lógica do preenchimento, da quantidade, em nome de outra ideia de progresso: persistência, espera, lentidão.

Aceitar o vazio tem assim um significado mais profundo: o de Simone Weil, que vê no vazio uma lógica diversa, comparada àquelas do poder e da recompensa, às leis naturais que tendem a ocupar todo o espaço disponível. "O homem escapa às leis deste mundo apenas pela duração de um segundo. Instantes de pausa, de contemplação, de pura intuição, de vazio mental, de aceitação do vazio moral".[7]

A lógica espacial é aqui idêntica à moral, em ambas se trata de dar lugar ao vazio entendido como um recurso em vez de uma carência. Uma mesma física os inspira. Trata-se de efetuar uma renúncia (à exploração de um sítio, de um parque, de um vazio urbano) em analogia com o elogio da sombra, com o pôr-se de lado, com o distanciamento que deveria guiar o ser moral.

---

[6] *Ibid.*, p. 19-20.
[7] S. Weil, *L'ombra e la grazia* (Milão: Bompiani, 2002[1947]), p. 25.

"Muitas pessoas não sentem, com toda a sua alma, que exista uma diferença total entre a aniquilação de uma cidade e o seu exílio definitivo daquela mesma cidade."[8] É a ilusão do apego, assim como é ilusório a possessão que guia o *homo consumens*, o indivíduo consumidor. De fato, esvaziar significa renunciar a consumir espaço e outros recursos preciosos, irreproduzíveis. Reservar, conservar, renunciar ao uso é um imperativo moral, não menos do que uma direção política a quem dirige a cidade.

DESAPROPRIAÇÃO

A Rue des Jonquilles, na ZUP (Zona de Urbanização Prioritária) em Val Saint Martin, França, tornou-se a metáfora de toda desapropriação. O nome, Desenvolvimento Social dos Bairros, inventado por qualquer tecnocrata do serviço público, oculta o abandono por parte da indústria siderúrgica dessas antigas terras agrícolas. A torre de catorze andares, demolida no início dos anos 1990, acolhia famílias de operários imigrantes. Restam agora somente casas geminadas ocupadas por operários, metade deles desempregados, os demais degradados em sua condição profissional, salarial e humana. Essa degradação, dolorosamente reconstruída pela equipe de Bourdieu, é a etapa extrema de uma integração falida entre os bairros problemáticos. A humanidade que mora

---

[8] *Ibid.*, p. 31.

VAZIO

ali foi submetida a um tratamento que acentuou sua segregação. O edifício demolido, emblema de toda a construção civil popular para imigrantes, é sua recordação. "Juntaram aquela gente ali, que criava ovelhas nos balcões, coelhos no banheiro. Alojaram todas essas pessoas quando deveriam tê-las espalhado um pouco, habituá-las um pouco a viver."[9] A Rue des Jonquilles, sem qualquer mercearia, café, banca de jornal, está quase sempre vazia e evoca a palavra "deserto" nos habitantes da região, nos quais o fechamento das fábricas e das construções deixou um imenso vazio, não só na paisagem.

O esvaziamento da cidade pertence à dinâmica da "destruição criadora" própria do capitalismo. É um processo cíclico, no qual o *sub*, o *dis*, o *peri* e o *neo* são prefixados ao termo urbano: suburbanização exprime o ciclo de expansão que corresponde à época do *boom* industrial, desurbanização corresponde à sucessiva perda de habitantes e de classes produtivas, periurbanização é o crescimento das bordas nos municípios periféricos, neourbanização significa a retomada seletiva da população atraída por funções urbanas localizadas no tecido pré-existente. Aqui intervém uma nova forma de intensificação e de espessamento desse tecido, quase um adensamento do sistema nervoso da cidade, até o grau máximo de sua possível tensão.

---

[9] P. Bourdieu e R. Christin, "La rue des Jonquilles", em P. Bourdieu (org.), *La misère du monde* (Paris: Seuil, 1993), p. 30. Entrevista de duas famílias operárias, realizada por Bordieu e Christin.

VISÕES DA CIDADE: AS FORMAS DO MUNDO ESPACIAL

A próxima fase será quase certamente a da virtualização urbana. Haverá perda de funções diretas e ao alcance da mão enquanto se desenvolverem próteses tecnológicas que conectem as pessoas a distância. Muitas concentrações do espaço não farão mais sentido, poderão ser substituídas por relações flexíveis e principalmente diluídas, fluidas, feitas não de presenças estáveis – como acontecia com a presença de operários de uma fábrica –, mas de usuários ocasionais como, agora, os visitantes de uma feira.

Os grandes vazios urbanos[10] da época fordista representaram um primeiro anúncio: os 15 milhões de metros quadrados cedidos do território milanês, cerca de 13% das áreas industriais, estão quase todos preenchidos por universidades, empresas neoterciárias, pavilhões de exposição, centros comerciais e empresariais. Às vezes, prevalece nessas áreas cedidas a cultura do *hyperbuilding* que, por sua vez, fora pensada para países em desenvolvimento, para Bangcoc em vez de Milão.

Às vezes, heterotopias (lugares outros) são destinadas a oferecer um resgate emocional momentâneo a quem os atravessa:[11] a feira às margens da metrópole como o novo polo de exposições de Rho-Pero em Milão, e as diversas exposições disputadas por cidades do mundo inteiro que querem sediá-las.

---

[10] R. Gambino, "Vuoti urbani e trasformazione strutturale della città", em *Appunti di política territoriale*, I (Turim, 1987).
[11] P. Mello, *Metamorfosi dello spazio* (Turim: Bollati Boringhieri, 2002).

Outras vezes, trata-se especialmente de *media buildings*, na qual a função da informação se estabelece e se torna disponível a uma "comunidade 24 horas", como na Mediateca de Toyo Ito, em Sendai, Japão:

[o] novo modelo de edifício de uso público não será uma presença simbólica ou virtual, isolada à margem de uma praça deserta, afastada da vida da cidade, deverá estar, ao contrário, situado nas proximidades de uma estação ferroviária, por exemplo, e ficar aberto até a meia-noite, sete dias por semana, pronto a servir o público a qualquer momento do dia.[12]

Ou como na *villette* parisiense, que parece concretizar a missão de Derrida de fazer uma arquitetura desconstruída e contaminada por outras artes.

A CONQUISTA DO VAZIO

O *nomos* da terra é direito térreo, é ocupação de solo. Sua demarcação e confinamento.

A terra carrega em seu próprio solo estável cercas e delimitações, marcos fronteiriços, muros, casas e outros edifícios. Tornam-se aqui evidentes a regulamentação (*Ordnung*) e as localizações (*Ortung*) da convivência humana.[13]

---

[12] T. Ito, "Tarzan nella giungla dei media", *Domus*, nº 835, 2001.
[13] C. Schmitt, *Il Nomos della Terra* (Milão: Adelphi, 2006[1950]), pp. 19-20.

VISÕES DA CIDADE: AS FORMAS DO MUNDO ESPACIAL

A terra vazia enche-se de signos da ocupação: ela está destinada a ser primeiro descoberta e depois ocupada. Isso ocorreu no mundo antigo das cidades-Estado e dos impérios, na passagem do feudalismo a estado territorial, no Novo Mundo, após a "conquista" em 1492, na fronteira norte-americana (o "continente vazio" de Tocqueville), e – para a época de conquista espacial – até mesmo no distante solo lunar, em 1969.

A ocupação de terra (*sedium occupatio*) tem para Schmitt uma dupla direção: interior e exterior. No primeiro sentido, define a primeira regulamentação do grupo ocupante, à qual se seguirá toda forma de propriedade e de posse, de medição e de distribuição. Para o exterior, trata-se da fundação de um direito internacional entre grupos ocupantes e eventualmente ocupados. Naturalmente, faz diferença se a terra ocupada originariamente estava livre ou não. Mas de certo a sua ocupação e subdivisão são fundadoras de qualquer *imperium* público ou *dominium* privado.

Território, autoridade e direitos são analiticamente distintos e articulados no livro de Sassen: eles estão sujeitos a vários tipos de associação, desde a época medieval até a atual fase global. Para Sassen, Império e Igreja na Idade Média desenvolvem uma autoridade que não é territorial: nenhum deles reconhecia limites territoriais à própria autoridade, apesar de ambos estarem organizados em vastas redes ancoradas em unidades territoriais.[14] Mais tarde, o Estado Nacional foi o primeiro a elaborar uma dimensão territorial, separando autoridade e direitos, sendo o pioneiro disso o reino capetíngio.

Aqui Sassen vê em funcionamento forças históricas que preparam a fase posterior: as cidades medievais experimentam a "forma Estado" territorial, como hoje as formas globais se concretizam mediante associações nacionais. Ou melhor, mediante a parcial desnacionalização efetuada pelos processos globais.

No entanto, o célebre texto de Schmitt nos propõe uma leitura diversa: o conceito de *nomos* unifica território, autoridade e direitos. *Nomos* significa tanto dividir como vigiar a terra ocupada, de onde surgiu o conceito de norma. No *nomos* são reunidos medida, ordenamento e forma, e em sua base encontra-se um único, mas sempre novo ato de subdivisão espacial.

Ainda um paralelo: Sassen vê a associação que promove a autoridade exclusiva sobre um território como um processo que não pode ser restrito ao Estado soberano e nos dá o exemplo de que foram estados e cidades os signatários da paz de Westfália – no fundo, vencedores e perdedores da fase histórica nacional. Atualmente, as cidades globais representariam, elas também, formações territoriais desnacionalizadas que, embora pertencentes a estados, são capazes de declarar uma notável autonomia regulamentadora graças à ascensão dos regimes privados

---

[14] S. Sassen, *Territory, Authority and Rights* (Princeton: Princeton University Press, 2006), p. 40.

de autoridade. Em suma, o *nomos* da terra seria no passado e no presente o fruto dessas combinações ou associações de atores que se cruzam no "domínio" territorial.

Schmitt concluía seu livro, antecipando as novas linhas globais que iriam suceder as primeiras linhas, aquelas que haviam acompanhado o direito internacional europeu das grandes descobertas às guerras mundiais, do século XVI ao século XX. Seu pensamento sobre as linhas globais dá a entender que o novo *nomos* da terra irá elaborar de formas diversas o dualismo entre um direito interestatal e um direito econômico comum. Atualmente, é a nova lei dos mercados globais que literalmente ocupa espaço entre os restos do direito internacional. No fundo, esta é, também, a conquista de um vazio: nesse sentido, do vazio deixado pela retirada da ordem internacional baseada nos estados. São esperadas novas associações.

O VAZIO LOCAL

Se o conhecimento é formalizado cada vez mais por combinações e coevoluções em escala global, o que resta à escala local? A pergunta, colocada pelos estudiosos dos sistemas locais,[15] lança luz sobre uma mudança de escala

---

[15] G. Dematteis e F. Governa, "Territorialità attiva e sviluppo: Il modello SloT", palestra ministrada no encontro *O território no desenvolvimento local*, Stresa, 19-20 junho de 2003: "Resta, enfim, um último problema relativo à reprodutibilidade dos recursos culturais locais e, portanto, dos mesmos sistemas locais como sistemas territoriais diversificados. Em particular, coloca-se a questão sobre se atual e futuramente serão ainda possíveis relações coevolutivas em escala local. De

VAZIO

em andamento. Enquanto em fases anteriores do desenvolvimento a coevolução admitia fortes diversidades regionais e os sistemas de conhecimento locais eram vitais e protegidos da imitação e da replicação técnica, atualmente isso corre o risco de ser cada vez menos verdadeiro. Os sistemas locais seriam esvaziados, assistiríamos à difusão de um mundo local vazio, tudo seria decidido em poucos "lugares globais" (as *global cities* de Saskia Sassen, ou as cidades da criatividade de Peter Florida). O restante seria simples reprodução para o consumo.

O economista Richard Nelson,[16] para quem a inovação é assinalada por uma marca evolucionista, salienta que o conhecimento de saber fazer tem um componente tácito e social que não é mecanizável nem padronizável. Uma visão evolutiva da transformação apresenta procedimentos de seleção *ex-post*, mas também admite a presença de um processo evolutivo "às cegas". Somente o contínuo recurso de "tentativa e erro" pode reduzir esse risco. Mesmo que cause desequilíbrios, ele mantém viva a

---

fato, com a afirmação progressiva de conhecimentos técnico-científicos gerais, incorporados em um processo de acumulação de capital tendencialmente global, a interação coevolutiva entre sociedades humanas e ambiente gradualmente se deslocou do nível local ao global. Em consequência, fracassou o principal mecanismo que no passado produziu a diversificação territorial e das sociedades, das culturas e do capital territorial que estas sedimentaram. Dele permanecem simulacros sob a forma de um folclore fóssil e de patrimônio de museus, conservados em função de um uso turístico espetacular, ou simbólico-identitário, ou de *marketing* territorial".

[16] R. R. Nelson, "On the Uneven Evolution of Human Know-how", em *Research Policy*, 1º jul./2002.

variedade local. O geógrafo A. Scott,[17] ao abordar o mesmo tema da dimensão cultural-criativa no desenvolvimento capitalista contemporâneo, propõe, polemizando com Florida, avançar além da retórica da cidade criativa que produz sistemas de desigualdade que não podem ser tratados a não ser por uma democracia social. A cidade criativa não nasce "no vazio" pela disponibilidade ou pela atração de uma classe criativa, mas de um processo que depende do trajeto no qual entram em jogo fatores complexos de benefício local. Motores locais desse tipo poderiam explicar tanto a cidade-fábrica do século XIX como o Vale do Silício da segunda metade do século XX.

ESPAÇOS GLOBAIS PARA CLASSES GLOBAIS

Na segunda metade do século XIX, as cidades começam a ser abandonadas pelas grandes empresas, pelas corporações fordistas. As matrizes mudam, a cidade entra em crise fiscal, multiplicam-se os casos de falência municipal a partir do célebre caso de Nova York. Começa um período de declínio que leva as cidades a um esvaziamento de funções, enquanto os Estados nacionais enfraquecidos saem de cena.

---

[17] A. J. Scott, "Capitalism and Urbanization in a New Key? The Cognitive-Cultural Dimension", *Social Forces*, 84 e 85, Oxford, junho de 2007.

VAZIO

Precisamente durante esse alarmante esvaziamento, estabelecem-se processos de nova ocupação: privatizações de funções públicas, desregulamentações, criação de novos mercados submetidos a lógicas globais (especialmente o novo mercado eletrônico possibilitado pela *world wide web*). Aqui os protagonistas não são mais os Estados nacionais, e sim as empresas globais. As classes dirigentes não são mais as burocracias públicas e as tecnoestruturas do novo estado industrial, mas as novas classes globais e suas redes transnacionais (de finanças, da indústria, da comunicação, de organização inter e supranacionais).

Sem dúvida, tratava-se de processos inicialmente seletivos e limitados: elites cosmopolitas concentradas em poucos nós globais. Nas últimas décadas do século XX e no início do século XXI, o crescimento desse processo de "ocupação do vazio" desocupado pelos Estados e pelas economias nacionais parece cada vez mais relevante. Nas redes, nos grupos e nas classes globais entram países e sujeitos novos, emergentes e até então confinados às periferias do globo. Além disso, multiplicam-se na base magmática da sociedade global, processos migratórios que investem todos os países ricos e criam, embora entre resistências e conflitos, uma nova sociedade multiétnica global. A nova divisão mundial do trabalho representa nisso um peso crescente. Podemos dizer que nos dois polos, o alto e o baixo, da escala social estão se formando duas grandes classes: a primeira, que chamamos geralmente de classe do conhecimento, que reúne dirigentes, profissionais e analistas simbólicos; e uma segunda, que no passado foi chamada *underclass* (subclasse), mas atualmente reúne todo um mundo de trabalhadores imigrantes, de trabalho flutuante, pronto a ocupar os interstícios desocupados nas posições inferiores dos mercados de trabalho.

Esses sujeitos se reúnem e se organizam em forças ou campos, que apresentam uma particular geografia reticular, líquida e *boundless* (aparentemente não seguem uma lógica "territorial"). Eles terminam por concretizar a separação entre a esfera pública interestatal – isto é, territorial – e a esfera privada internacional – não interestatal –, baseada na liberdade do comércio mundial, que é essencialmente não territorial. Seu *campo de ação é o mundo*.[18]

Assistimos, assim, à concretização de um processo que decompõe o próprio processo de cidadania. A passagem anterior ocorreu no século XIX, quando do princípio de domicílio se passou ao de nacionalidade e de cidadania. No entanto, a partir do século XX claramente já se concretiza esse "movimento geral rumo à *liberdade*" que nega as "tradicionais localizações" e impõe uma "deslocalização geral". Essa "mobilização total de gênero mais intenso"[19] pode ser vista atualmente em ação

---

[18] C. Schmitt, *Il nomos della Terra*, cit., pp. 263ss. e 300.
[19] *Ibid.*, p. 302.

por parte daquelas duas classes globais, em um campo de forças que não conhece mais fronteiras nacionais.

Já o processo de ocupação, embora não sendo mais territorial como era aquele da época dos estados nacionais, e sim sendo essencialmente não territorial, possui na realidade uma relevante dimensão espacial. O desafio é, de fato, a total supressão de todo limite que "continha" as sociedades nacionais, mesmo quando elas se projetavam fora das próprias fronteiras (na guerra, na conquista). Atualmente, o desafio consiste no esvaziamento daqueles "recipientes" e na criação de um sistema global capaz de unificar o mundo a partir das forças do mercado. As duas classes globais, a sua maneira, participam desse processo. A classe do conhecimento, mediante redes técnicas, comunidades virtuais e novas "linhas de amizade"; a subclasse por meio de fluxos de imigrantes, novas redes de solidariedade e formação de novos "exércitos de reserva".

Segundo Sassen, os diversos percursos dessas duas classes se "encontram" nas cidades globais.[20] Nelas, podem ser analisados aqueles "espaços de intersecção" que são, em primeiro lugar, momentos analíticos nos quais se cruzam dois sistemas de representação. O sistema da máxima valorização e o da máxima desvalorização que cada uma das duas classes globais representa. São, obser-

---

[20] S. Sassen dedicou todo o capítulo 6 de seu livro *Sociology of Globalization* (Turim: Einaudi, 2008) ao tema das duas classes globais emergentes.

va Sassen, espaços de silêncio, de ausência:[21] ainda metáforas do vazio. São terras de fronteira (*borderlands*) nas quais não há uma linha divisória, mas um terreno que é uma função das descontinuidades que nelas são realizadas. Hipótese sugestiva porque repropõe um território onde os fluxos são dirigidos e as redes se cruzam, sejam elas materiais ou imateriais.

Terreno disputado, vazio a ser ocupado, talvez na recíproca ignorância das próprias duas classes. Em um nível micro, observa o etnólogo Auge, os dois fluxos não se encontram nem mesmo no metrô de Paris, onde uma *upperclass* de homens de negócios dirige-se rumo ao aeroporto enquanto a *underclass* de jovens da periferia permanece nos subterrâneos sem ao menos tocá-los. Em um nível macro, para Sassen, abre-se aqui uma redefinição da cidadania: uma relação cada vez menos estreita entre o Estado e o cidadão, um contrato cada vez mais incompleto e não especificável que os liga debilmente. Criam-se grupos informais que se autoproclamam titulares de cidadania global, de palavras de ordem mais do que efetivas subjetividades de poderes ou de direitos. Uma questão totalmente aberta diz respeito à especificação de direitos de expressão por parte da *underclass* do trabalho imigrante: problema nem ao menos aflorado pela atual política de tipo nacional. Mas, mesmo a política supranacional, como no caso da União Europeia, não parece

---

[21] *Ibid.*, p. 75.

disposta a reconhecer essa nova realidade, limitando-se, em geral, a alargar à escala da União as mesmas preocupações dos países-membros em matéria de segurança, de admissões e de abrigo.

VIRTUAL

"O século não soube responder às novas virtualidades técnicas com uma ordem social nova."[22] A frase parece ter sido escrita mais para nossa época do que para o século XIX. A era do virtual, da conexão imaterial, do sistema nervoso global descobre ser socialmente vazia: a cidade dos *bits* é povoada por figuras sociais esquivas, por fantasmagorias. De falsos eus, de avatares. Os frequentadores das redes sociais virtuais e os habitantes da *Second Life* estão no espaço vazio como aqueles que passam através da periferia desolada de uma grande cidade contemporânea. Eles são como a multidão metropolitana, comparado por Queneau com uma espécie de névoa.[23] A eles se opõe o *flâneur*: "é a ele, passeador sem meta entre a multidão das metrópoles em total contraste com a sua ação frenética e resoluta, que as coisas se revelam em seu significado secreto".[24]

---

[22] W. Benjamin, "Paris, capitale du XIXe siècle, Exposé (1939)", em W. Benjamin, *Écrits français* (Paris: Gallimard, 1991), p. 308.
[23] R. Queneau, *Pierrot amico mio* (Turim: Einaudi, 1971), p. 176.
[24] H. Arendt, *Il pescatore di perle. Walter Benjamin 1892-1940* (Milão: Mondadori, 1993), p. 22.

O virtual é, pois, a verdadeira dimensão do vazio na época contemporânea. Não mais território (mar ou céu) vazio a ser preenchido, mas plena desmaterialização das relações sociais. Cidade do não onde, na qual as dimensões do tempo e do espaço se desvanecem. Tempo – que vem de *temno* (divisão) e traz consigo a ideia de partição – e espaço – ideia de percurso, de atravessamento – anulam-se na tela vazia do computador.

Esse vazio é também perfeitamente plano e horizontal. Onde estão as hierarquias do mundo real, as relações de poder e de domínio, as escalas e os círculos sociais? Perfeita ilusão de paridade, de ser símiles.

Já vimos (em passagens anteriores dedicadas a Simmel) a afirmação de círculos sociais baseada em elementos mecânicos, exteriores, no lugar de elementos genéticos. Isso tem seguramente relação com novas formas de individualização, cuja possibilidade "cresce desmesuradamente mesmo enquanto a mesma pessoa possa assumir posições relativas totalmente diversas nos diferentes círculos aos quais ela pertence ao mesmo tempo".[25]

Tratava-se ali de apreender que uma nova ordem social poderia ser concebida para indivíduos pertencentes aos mais diversos círculos, capazes de se posicionar, ao longo do tempo, em múltiplas dimensões. Aqui, ao contrário, trata-se de apreender a perfeita equivalência, a

---

[25] G. Simmel, *Sociologia* (Milão: Edizioni di Comunità, 1989), p. 363.

plena indiferença – espacial, temporal, social – de quem se move no universo vazio da cidade dos *bits*.

A SOCIEDADE DOS FLUIDOS

Na época em que Bauman definiu como "modernidade líquida", os indivíduos movem-se ao longo de percursos e entre estruturas de elevada porosidade. É a sociedade fluida que toma forma de acordo com o receptáculo no qual ela se move. O significado espacial é evidente: ela não tem fronteiras precisas. Leopardi escreveu páginas surpreendentes que antecipam a sociologia contemporânea:

> A sociedade dos homens é semelhante aos fluidos: cada molécula ou glóbulo ao pressionar fortemente os vizinhos de baixo, de cima e de todos os lados e, através destes, os distantes, e sendo pressionados do mesmo modo, se em algum lugar a resistência ou os empurrões forem menores, não passa um átimo sem que, correndo para lá com toda a fúria a massa do fluido, tal lugar não seja ocupado por glóbulos novos.[26]

Os aspectos sociais são surpreendentes: mesmo aqui, proximidade e distância estão coligadas numa espécie de interação entre vasos comunicantes da sociedade. Aspec-

---

[26] G. Leopardi, *Pensieri* (Milão: Bur, 2000), p. 135.

tos tanto mais importantes hoje, na época da comunicação total.

A maior fluidez contemporânea manifesta essa mesma lei física e explica, no plano moral, o mesmo comportamento de defesa e de autoapoio que só pode, para Leopardi, dar suporte ao indivíduo na competição social. Pensando bem, já é o tema de Goffman – nossa representação se dá na interação com os outros – e apresenta um conteúdo moral.

> O indivíduo tende a tratar os presentes com base nas impressões que estes, naquele momento, oferecem pelo que diz respeito ao seu comportamento passado e futuro. Por isso, os atos de comunicação são traduzidos em atos morais.[27]

A física social assume aqui um valor durkheimiano porque o indivíduo age com deferência e autocontrole para dar suporte a si mesmo na cena da interação. Assim fazendo intervém, no presente e no futuro, embora não dispondo de informações sobre os outros participantes. O indivíduo ocupa o espaço como o fluido, ocupa o vazio para evitar que outros concorrentes tomem posse daquele mesmo espaço disponível.

Na sociedade dos fluidos e das redes, trata-se de ocupar o vazio entre contextos de interação desmaterializados.

---

[27] E. Goffman, *La vita quotidiana come rappresentazione* (Bolonha: Il Mulino, 1969), p. 285.

VAZIO

CONFLITOS PELO ESPAÇO

O espaço não é uma superfície plana sobre a qual se estendem atividades, mas é ao mesmo tempo pressuposto, meio e resultado de relações sociais. O espaço do Estado também não é preenchido na forma de recipiente territorial antes vazio, mas é produzido e transformado mediante projetos de regulamentação. A visão estática do Estado westfaliano, arena confinada e independente, é substituída por uma dinâmica processual na qual os espaços estatais são continuamente reproduzidos.[28]

Desse ponto de vista, a cidade é um campo de batalha socioespacial no qual se encontram e se defrontam forças – cada uma interessada em sua própria prevalência ou hegemonia. Dos interesses fragmentados e difusos das sociedades, nascem jogos distributivos: na imagem de Lefebvre "não é o segredo do Estado, escondido por ser tão óbvio, a ser encontrado no espaço?".[29]

Nos jogos que são realizados no território, as cidades são mais ou menos fragmentadas entre diversas jurisdições políticas, cada uma em nível de impor taxas e oferecer serviços. Podemos visualizar as cidades como pacotes de taxas-serviços em confronto entre si. Os indivíduos movem-se à procura dos pacotes mais vantajosos.

---

[28] N. Brenner, *New State Spaces* (Oxford: Oxford University Press, 2004), cap. III.
[29] H. Lefebvre, *State and Space, apud* em N. Brenner, *New State Spaces*, cit., p. 73.

O Estado intervém em dois sentidos nesse jogo. Num sentido estritamente espacial, mediante a reconfiguração dos próprios limites territoriais dentro do novo sistema mundial e a diferenciação interna entre territórios. Em ambas as frentes estão em ação conflitos espaciais: regiões que desejam a autonomia ou a independência, novas formas institucionais de governo local, etc. Aqui são experimentadas continuamente as mutáveis geopolíticas, às vezes, com conflitos reais. Existe aí, também, um senso integral de espacialidade, o das formas de regulação das relações sociais mediante políticas geográficas seletivas. Nesse sentido, o Estado afeta, em geral inconscientemente, as geografias sociais, promovendo certas áreas ou fazendo recuar outras. Fez isso na fase da urbanização mediante a infraestruturação do mundo. O faz ainda hoje concebendo eixos, corredores, polos, nós e redes que deveriam atrair o desenvolvimento. Que tal ação seja conduzida pelo Estado (como no passado) ou mais precisamente por unidades maiores, como a União Europeia hoje, não muda analiticamente a abordagem: trata-se de formas de governo, antes nacionais e atualmente multiescalares, que ocupam o espaço seguindo desenhos mutáveis. Segundo Brenner, duas forças estão agindo: de um lado, uma tensão entre centralização e descentralização; do outro, entre concentração e reequilíbrio. Esse duplo vetor de forças é composto diversamente de acordo com as fases e os ciclos. Assim, a uma fase de relativo reequilíbrio, na qual Estado e governos supranacionais cuidam para que as regiões e os territórios atrasados não "percam" demais, segue uma fase de reabertura mais evidente das desigualdades territoriais em escala tanto macro quanto micro, para a vantagem dos territórios "vencedores". Enquanto que a uma fase de centralização dos recursos por parte dos Estados parece ter sucedido uma fase de maior descentralização para as regiões, territórios e cidades. Nesse jogo competitivo, são reforçadas principalmente aquelas áreas, em especial as metrópoles, que mais afetam a distribuição dos recursos. Falta, porém, um plano institucional que saiba conjugar as forças em campo. Uma espécie de mundo "sem razão" que não seja a permanente produção de valor como única criação de sentido.[30] A ocupação do espaço continua, em formas sempre mais diversas, sem que uma reflexão global surja sobre o sentido e sobre a direção de todo o processo. No terreno, permanecem "perdedores" e excluídos, enquanto prossegue a ocupação do espaço vazio por parte das forças "vencedoras".

A METÁFORA DO LABIRINTO

Também Françoise Choay conclui seu ensaio, *A regra e o modelo*, de 1986, com uma reflexão sobre o vazio. Ela nota que, no crescimento urbano contemporâneo, o que foi construído, uma vez caído na obsolescência,

---

[30] J.-L. Nancy, *La création du monde ou la mondialisation* (Paris: Galilée, 2002), p. 51.

se apresenta como um inútil obstáculo. Nas novas dimensões planetárias conhecidas pela edificação, não existe mais espaço para uma acumulação de construções infinitamente expansíveis que sejam refúgios da memória. Não existem mais espaços livres. O mundo arrisca tornar-se congestionado, e se queremos expressar novas indagações e nos abrirmos para o futuro, precisamos efetuar uma "demolição sistemática da construção anulada".[31] Estamos rodeados por imagens de um mundo futuro que será um "depósito de lixo de construções obsoletas de resíduos de cimento". A atenção à demanda dos usuários, cuja origem remonta ao *De re aedificatoria* de Alberti, termina por produzir desordem e pura cacofonia de linguagens e de interesses diversos, e justifica a resposta rigidamente normativa da urbanística. A liberdade de expressar as próprias demandas, na ausência de uma cultura e uma linguagem comum entre construtores e clientes, traduz-se na anarquia. No entanto, replica-se a essa anarquia com uma regulamentação que produz o resultado de inibir qualquer criação, qualquer inovação. Nessas condições a participação é apenas engano e simulação. E depois?

A busca de um caminho, como na imagem do labirinto,[32] que testemunhe a complexidade particular do ato de construir é a indicação conclusiva de Choay.

---

[31] F. Choay, *La regola e il modello. Sulla teoria dell'architettura e dell'urbanistica* (Roma: Officina Edizioni, 1986), pp. 357ss.

[32] J. Derrida, *Aporie* (Milão: Bompiani, 1999), p. 20.

Seria o caso de desmontar a ideia de espaço construído que herdamos, ideia imperialista e soberana, e de desenvolver, como alternativa, uma ideia de apropriação corpórea e emocional do espaço. Somente nessas condições os conceitos de lugar, de paisagem e de patrimônio histórico poderiam readquirir um significado.

Mas que formas e conteúdos haverá nessa ideia de espaço? Não poderá ser uma ficção de "casa", como a própria Choay, evocando a casa como substituto do corpo materno, pareceu deixar entender. Não se poderia possuir novamente aquilo que perdemos há tempos, pelo menos desde o início da modernidade. Ao contrário, seguindo sua ideia de labirinto, se tratará de caminhos nem retilíneos nem simples, de formas de passagem. O labirinto, mas não mais a linha em espiral que se dirige em direção a um centro, como as linhas quebradas que se cruzam. A busca de uma passagem, sabendo que poderá nem haver uma passagem – como na anulação de toda passagem entre limites, na indiferença que a técnica impõe à terra (quando a vigia e a controla do alto de um satélite).[33]

Portanto, não mais busca da "casa" como moradia, nenhum *aménagement*, de preferência *déménagement*, segundo Baudelaire, desenraizamento: o nosso viajar, o passar além.

---

[33] F. Choay, *La regola e il modello*, cit., p. 363.

Voltamos assim à passagem de Benjamin, mas dessa vez como metáfora de toda a sociedade contemporânea. Kracauer a viu em primeiro lugar, olhando a cidade com a técnica cinematográfica: massas e indivíduos, visão de conjunto e *zoom*. Atualmente, trata-se de buscar uma "edificação jamais construída".[34]

RUÍNAS

O tema do vazio apresenta-se com intensidade particular na pesquisa de Simmel sobre as ruínas. "O fascínio das ruínas é que uma obra humana é sentida, no final, como um produto da natureza."[35] A ruína é também um retorno à terra mãe, à natureza. Volta-se novamente à terra, e a natureza se reapropria daquilo que, no fundo, sempre foi seu e que a obra humana tinha apenas momentaneamente interrompido. O retorno à "casa" poderia então ser o reconhecimento de que aqui, nas ruínas, pacifica-se o conflito entre a nossa tendência para o alto (tão espontânea na arquitetura) e a outra tendência para o baixo que também está em nós. A batalha entre alto e baixo, na metáfora espacial adotada por Simmel, jamais alcança uma síntese, uma "forma redonda", uma "plástica tranquilidade". Salvo nas ruínas, nem aqui o eterno conflito atinge o equilíbrio, mas deixando prevalecer um

---

[34] G. Simmel, "Le rovine", em G. Simmel, *Saggi di cultura filosofica* (Milão: Longanesi, 1985), p. 112.
[35] *Ibid.*, p. 113.

lado e extinguindo o outro, "nos oferece, todavia, uma imagem da forma segura e duradoura no silêncio".[36] Nas ruínas, apreendemos a ideia de que a vida uma vez morou aqui.

O espaço vazio, abandonado, assume a forma de uma síntese entre passado e presente. O vazio que se apresenta a nós como valor positivo, não como negativo. Mas isso não ocorre quando as ruínas observadas por Simmel estão habitadas, como acontecia na Itália ao lado das grandes estradas. A vida retirou-se destas, mas elas continuam emoldurando uma forma de vida. Também insuportável é o vazio abandonado de ruínas que a ficção científica projeta em nossas metrópoles, como na Nova York de J. Ballard, onde o deserto recobre as torres. Inquietante literatura que se faz precursora da catástrofe, a real, que atingiu as torres de Manhattan no 11 de Setembro de 2001.

O DESERTO E AS CIDADES

As destruições, as ruínas da guerra, os vazios urbanos procurados pelo homem, as imagens ainda frescas de Bagdá ou de Sarajevo sob os bombardeios pertencem à nossa imagem de vazio. Desde sempre: o "deserto chamado paz" de Tácito, *delenda* Cartago, a guerra homérica segundo Weil, o piedoso Eneias, obrigado ao assassínio

---

[36] G. Ferraro, *Il libro dei luoghi* (Milão: Jaca Book, 2001), p. 311.

para fundar a futura cidade. Ritos de fundação e guerra entrelaçados. A Jerusalém apagada e transformada por Adriano na cidade Aelia Capitolina, pela qual o império se enfurece contra os locais do hebraísmo e do cristianismo. É uma violenta política dos lugares.[37] A partir desse momento, o cristão dará as costas à cidade vazia e insensata, e buscará no deserto vazio sua própria direção no mundo. Ele, que vive no mundo transitando como um peregrino rumo à cidade celeste, torna-se um precursor do nomadismo. O deserto e a cidade, contrapostos. "Fugindo do tumulto da cidade (*urbs*), da afluência da multidão e dos vícios da cidade (*civitas*), refugiou-se no deserto."[38] E aqui acontece, segundo o fascinante percurso construído por Ferraro, a paradoxal reversão: o deserto se enche de eremitas, o monarquismo egípcio e palestino transforma o deserto em cidade, precisamente no momento em que as cidades existentes estão se extinguindo. O vazio deserto torna-se habitável, se enche de vida espiritual, ali se instalam comunidades, cidades são fundadas. A passagem que se origina às margens de Alexandria se cumpre, mais tarde, também na Europa. Nos séculos em que o Império romano se desfaz e o vazio avança, o que resta da cidade se transfere para o mosteiro.[39]

---

[37] Orígenes, *apud* G. Ferraro, *Il libro dei luoghi*, cit., p. 319.
[38] "O laço mais íntimo entre a cidade clássica e a medieval era, pois, constituído não pelos edifícios ou pelos costumes que sobreviveram, mas pelo mosteiro", escreve L. Mumford, *La città nella storia*, vol. II, (Milão: Bompiani, 1991), p. 319.
[39] Augé, *Non lieux* (Paris: Éditions du Seuil, 1992), p. 119.

Deserto, eremitério e não lugar revelam-se, também eles, lugares produtivos não só de dons espirituais para o cristão, mas de desenvolvimentos para toda a civilização urbana. Essa passagem de sentido, que foi reconstruída pela história da cidade europeia, poderia ser proposta também para a passagem de nossa época. Os não lugares de Augé, que se instalam nos nós da mobilidade contemporânea dos fluxos, podem ser vistos também como vazio, deserto, "contratualidade solitária", como afirma o antropólogo.[40] A partir daí, é preciso encontrar uma direção de sentido. "Na cidade entendida como território, o nosso belo é entregue à *varietas* [...] É impossível voltar ao passado e construir monumentos. Mas a *varietas* pode ser uma *varietas* aprazível."[41]

PLENITUDE OU PLURALIDADE

A origem da palavra cidade e sua polissemia atravessam toda a pesquisa política, filosófica e histórica. Uma chave entre outras é oferecida pelo texto de Guénon, "A cidade divina",[42] que a partir do grego *polis*, do latim *civitas*, do sânscrito *pura*, confronta duas dimensões. A primeira indica a ideia de plenitude (a raiz sânscrita *pur* torna-se, nas línguas indo-europeias, *ple* ou *pel*, de onde, *pleos*, *plenus*). A cidade é plenitude, e o nosso dilema en-

---

[40] M. Cacciari, *La città* (Rimini: Pazzini, 2006), p. 84-85.
[41] R. Guénon, "La città divina", em R. Guénon, *Simboli della scienza sacra* (Milão: Adelphi, 1975[1926]), pp. 391ss.
[42] *Ibid.*, p. 392.

tre pleno e vazio, que acompanhou todo o capítulo, enfim encontra sua síntese: "sabe-se a respeito que o pleno e o vazio, considerados correlativos, são uma das representações simbólicas tradicionais da complementaridade do princípio ativo e do princípio passivo".[43] A cidade é centro do ser e é residência do princípio divino, sem essa presença seria um campo vazio, pura potencialidade. Também a palavra latina *civitas* vem da raiz *kei*, que tem em si a ideia de repouso, a residência, a moradia estável. A cidade é residência, é estabilidade. O palácio no qual reside o rei é igualmente o centro e o coração da cidade, do qual todo o restante é a extensão (outro significado da raiz *kei*).

Um segundo significado da palavra cidade nos leva a outros lugares. A mesma raiz sânscrita traz consigo a ideia de pluralidade (grego *polys*, latim *plus*). A cidade existe em virtude da pluralidade de indivíduos que a habitam e a povoam, do seu *populus*. É essa etimologia que nos leva à ideia de conflito, de *polemos*, de permanente risco de guerra civil. Consequentemente, não plenitude e harmonia, e sim conflito entre os "diversos" reunidos na cidade. Ali, nenhuma plenitude, nenhum princípio divino, nenhuma Ílion sagrada para retomar a reflexão de Simone Weil.

É a Roma "cidade artificial feita de fugitivos",[44] social sem raízes, já lugar de desenraizados, de população

---

[43] S. Weil, *Quaderni*, vol. II (Milão: Adelphi, 1997), pp. 247ss.
[44] Ibid., pp. 329-330.

no sentido moderno do termo. Uma construção artificial fruto da estatística e do poder.

RADICADOS NA AUSÊNCIA DE LUGAR

Veneza salva e Ílion sagrada são cidades das raízes, aquele arraigar-se ao qual se contrapõe o "social sem cidade", mero aglomerado de indivíduos contratuais, ligados pela satisfação dos apetites e movidos por uma força social.

A lição de Weil convida ao exílio, ao desarraigamento de toda pátria terrestre. "Não se deve ser eu, mas ainda menos ser nós." A cidade nos dá o sentimento de estar na própria casa, e é preciso então tomar consciência de estar na própria casa no exílio. É preciso afastar-se para ver a realidade, ao passo que o apego nos provoca ilusões. "Muitos não sentem com toda a sua alma que há uma diferença radical entre a aniquilação de uma cidade e o seu exílio irremediável, distante daquela cidade."[45] A cidade é aqui um verdadeiro intermediário, ponte no sentido simbólico do qual nos fala Guénon: "os dois mundos representados pelas duas margens são, no sentido mais geral, o céu e a terra, que eram unidos no princípio e foram separados".[46]

---

[45] R. Guénon, "Il simbolismo del ponte", em R. Guénon, *Simboli della scienza sacra*, cit., pp. 331ss.
[46] *Ibid.*, p. 333.

Ponte como passagem e como ascensão, de modo que quem a atravessa e ascende se liberta dos estágios anteriores, implicando "uma contínua destruição dos vínculos que o unem aos estágios já percorridos, até o momento no qual o eixo seja reduzido, no final, ao ponto único que contém tudo e é o centro do ser total".[47]

Trata-se de fuga do mundo? De puro trânsito rumo à cidade celeste? Parecer ser a direção ascética a indicada, aquela do desenraizamento. Ou melhor, aquele "ser radicado na ausência de lugar"[48] que parece encerrar definitivamente qualquer possível direção social. E, no entanto, a negação do eu e do nós, do individualismo possessivo e do social como "príncipe deste mundo", é feita em nome de um homem que resta "em relação". Certamente outra antropologia é necessária, outra ideia de cidade a inspira. E, no entanto, a sociedade possui uma força própria, que serve de obstáculo ao mal que precisa ser limitado. Entre ordem e desordem com certeza é preferível a primeira. A própria alma necessita da ordem, "isto é, um tecido de relações sociais tal que ninguém seja obrigado a

---

[47] S. Weil, *Quaderni*, cit.
[48] *Idem, La prima radice* (Milão: Se, 1990), p. 19. O tema da ordem social é continuamente retomado também em *Quaderni* como única alternativa ao poder ilimitado: "Felizmente há uma ordem social. Grandeza das leis, mesmo as mais inumanas", vol I, cit., p. 126. A sociedade é uma tela, e, portanto, uma defesa pelo menos tanto quanto é um filtro entre o homem e os frutos de sua ação. Há uma incontestável ambivalência em relação ao social, a ideia de Weil parece querer atribuir ao homem aquilo que a coletividade aprendeu a produzir: "individualizar a máquina", como várias vezes é dito em *Quaderni*.

violar deveres rigorosos para cumprir outros".⁴⁹ Existem na coletividade a avareza e o ouro, a ambição e o poder. O remédio, porém, está no relacionamento. O relacionamento escapa violentamente do social, ele é monopólio do indivíduo, é aquilo que não pode nos ser tirado. Nas palavras de Weil, a sociedade é a caverna, a saída é a solidão.⁵⁰ A caverna é onde estamos imóveis, como no mito platônico. Sem conhecimento, sem relacionamento. Por outro lado, no *Timeu*, "a cidade habitada em estado de vigília. O mundo não é mais uma prisão subterrânea. Ele é belo".⁵¹ O relacionamento pertence ao espírito solitário. Cada um, se carrega consigo uma ordem superior transcendente, participa desta dimensão da ordem social: a harmonia, o equilíbrio de forças, a igualdade geométrica. Nessa dimensão, as injustiças punem um ao outro, o Estado intervém com uma pressão mínima, ao primeiro sinal de desequilíbrio. É uma sociedade descentralizada, uma espécie de ordem espontânea, de harmonia de ordens. "Seria necessário que o amor do cidadão pela cidade fosse um amor sobrenatural."⁵² Seria desejável uma sociologia transcendente. Uma *cité* entendida como ordem moral.

Essa ideia de relacionamento poderia ser confrontada com aquela, embora diversa, que inspira a pesquisa de Jean-Luc Nancy em *Ser singular plural* (1996). O ser--com. O conceito de mundo, observa Nancy, não é o

---

⁴⁹ Idem, *L'ombra e la grazia*, cit., especialmente pp. 284ss.
⁵⁰ Idem, *Quaderni*, cit., p. 227.
⁵¹ Idem, *L'ombra e la grazia*, cit.
⁵² Ibidem.

de um quarto no qual alguém possa entrar, nem mesmo aquele de apenas uma pessoa que esteja no mundo. O mundo consiste num ser-com "originário".
O discurso sobre a cidade (*a cité*) recomeça aqui. Da ideia de que o relacionamento, a relação eu-você, mesmo em nossa época de desenraizamento e de crise espacial, tem ainda a sua forma de expressão na cidade. Certamente cidade móvel, em contínuo movimento, em expansão. Mas uma expansão, explica Nancy, na qual o espaço se dobra sobre si mesmo, deixando um ponto descoberto. Fruto da compressão espaço-temporal. A nova palavra que domina as ciências sociais, o seu novo paradigma seja rede, no fundo aponta a direção a ser redescoberta na "busca de forma" do relacionamento social.

6
Rede

Portanto, o deus serviu-se deles para passar os humores do ventre até as veias. Teceu uma rede de ar e de fogo, como uma nassa, que tinha dupla abertura na entrada, e uma delas era bifurcada. A partir dessas aberturas estendeu uma espécie de junco, circundando toda a rede até suas extremidades. As partes internas dessa rede eram de fogo, enquanto que as aberturas e as cavidades eram de ar. E prendendo toda essa rede, colocou-a no interior do ser vivo já moldado.

Platão, Timeu.

A REDE DO BIOS

No início, no pensamento grego, a rede é aquela de que o demiurgo predispõe para o aparato circulatório e a respiração. Grande metáfora do corpo irrigado e fresco, e que, desse modo, pode ser nutrido e viver.

Nesse ponto, começa a genealogia que Lucien Sfez realizou sobre o moderno conceito de *réseau*:[1] em primei-

---

[1] L. Sfez, "Eléments de synthèse pour penser le réseau", em P. Musso

ro lugar, a rede do corpo humano, orgânica e hipocrática; depois, a rede do território, sinuosa nos mapas medievais e, após, racional-engenhosa no traçado dos mapas rodoviários e das infraestruturas, como também na malha dos territórios (departamentos, províncias) na qual a nação é dividida artificialmente;[2] e, enfim, a rede técnica, aérea, desmaterializada de nosso espaço-tempo global. A rede como "tecnologia do espírito contemporâneo".

Outra direção, complementar à primeira, do conceito de rede nos conduz à cidade.

Da arte da tecelagem como metáfora do governo, em O *político* de Platão, à rede urbanística hipodâmica, até a cidade-rede do "novo espírito capitalista", à rede informática e à tela do computador, à "cidade dos *bits*" do urbanismo contemporâneo que faz desaparecer a cidade na internet. A rede é, desde sempre, a forma política da cidade e de sua infinita capacidade reprodutiva e conectiva.

Em ambas as tradições epistemológicas sumariamente apresentadas, note-se que a trajetória vai desde uma concepção somático-orgânica de rede a uma técnico-territorial. É uma passagem, porém, que deixa grandes rastros

---

(org.), *Réseau et societé* (Paris: PUF, 2003). Os trabalhos da escola francesa de Sfez, Musso, Parrochia e Offner estão entre as melhores contribuições epistemológicas ao conceito de rede nas ciências sociais. Aos temas territoriais das redes é dedicada a revista *Flux*.

[2] Sobre este ponto, o geógrafo D. Harvey escreveu páginas penetrantes em *The Condition of Post-Modernity* (Cambridge: Basic Blackwell, 1990).

bem evidentes, fortemente presentes em Le Corbusier, para quem a cidade é organismo e a rede é orgânica.

E a cidade dos rígidos tabuleiros de xadrez, do tráfego absurdamente congestionado, restringido num esquema de alvéolos desprovidos de qualquer possibilidade de parada e despedaçado pela grotesca sequência de cruzamentos, possui agora saídas para a autoestrada. Nesse organismo, nesse corpo urbano, que parecia irremediavelmente condenado à paralisia e à calcificação, surgiu um novo elemento biológico. Trata-se ainda de um simples circuito perimetral que se limita a contornar a cidade, mas algumas ramificações já estabeleceram contato com a rede das circulações internas, que deverá igualmente, um dia, ser atravessada por uma seiva nova: transformação que dotará a metrópole de um autêntico sistema de unidades edificadas, benéficas aos homens.[3]

Observa-se o profundo débito da arquitetura moderna em relação à tradição filosófica ao mesmo tempo platônica e racionalista: daí a rede orgânica e material capaz de fazer circular o plasma da cidade contemporânea, representar uma poderosa metáfora.

---

[3] Le Corbusier, *Maniera di pensare l'urbanistica* (Roma/Bari: Laterza, 2001), p. 87.

A CIDADE-CORPO

Antoine Picon, arquiteto, engenheiro e historiador das técnicas e das cidades, dedicou à rede uma penetrante reconstrução:[4]

> A cidade-território apresenta inúmeros aspectos contraditórios. Aparece, ao mesmo tempo, como um estrato contínuo e como um conjunto um pouco caótico de infraestruturas e de imóveis. Rodovias de alta velocidade insinuam-se no novo tecido residencial das periferias; centros culturais são construídos na proximidade de instalações industriais; zonas verdes sobrevivem dentro desse mosaico de "*aménagements*" de todo tipo. Não é fácil compreender as ligações múltiplas que são tecidas por entidades muito diferentes, mediante a intermediação das redes e, ao mesmo tempo, as fraturas profundas da nova morfologia urbana.

Como se chegou ao poderoso papel de *intermediário* (*metaxy*) que a rede assume entre os diferentes domínios e as diversas entidades da realidade urbana? Na origem, está a descoberta da rede, ou melhor, do "território em rede", por parte de um grupo extraordinário de precursores da globalização: engenheiros visionários que se reúnem em torno de Saint-Simon, na França do

---

[4] A. Picon, "Le temps du cyborg dans la ville territoire", em *Analles de la recherche urbane*, LXXVII, Paris, 1997, pp. 72-77.

início do século XIX. Diferentemente dos utopistas que os antecederam, esses engenheiros não se dirigem mais às abstrações de cidades ideais, mas buscam conciliar, num desenho mais complexo, a eficácia técnica e a poética da grande cidade, a função de regulação dos fluxos e a dimensão estética. Desenham cidades reais, ou melhor, cidades-território que competem por infraestruturas, projetos de engenharia e sistemas de conexão. Saint-Simon e seus discípulos, nas páginas do *Globe*, já trabalhavam nos "grandes projetos", certamente inaugurando aquela visão estratégica que mais tarde concretizou a globalização. A ligação entre o Atlântico e o Pacífico, o canal de Madri ao mar, as redes ferroviárias projetadas pelos saint-simonianos da École Polytechnique, até mesmo um projeto de ferrovia sob o canal da Mancha até o canal de Suez (enfim construído, embora não pelos saint-simonianos, entre 1859 e 1869), todas são visões que prepararam a conquista dos espaços, terrestres, marítimos e enfim aéreos que possibilitou a atual circulação mundial das mercadorias pelas cadeias logísticas e de valor globais.[5]

A rede, desempenhando um papel de mediação entre representações e práticas, assume um significado político. Na realidade, vimos que esse significado é constituído pelo conceito de rede: a técnica política como arte

---

[5] Veja o ponto de vista de Weil: "Durante o século XIX, as ferrovias realizaram destruições atrozes no sentido do desenraizamento", em S. Weil, *La prima radice* (Milão: Se, 1990), p. 162.

da tessitura. Daí o duplo papel da "cidade das redes": nó funcional das redes técnicas, infraestruturais e imateriais e, ao mesmo tempo, ator regulador, dedicado à "administração das coisas", numa alternativa à política do passado, como previram os saint-simonianos. Nessa função de administração da circulação incessante de pessoas, coisas e informações, a "cidade nova" é *global city*. De fato, é urbana, ou melhor, metropolitana na visão utópica dos saint-simonianos: nenhuma fuga para a Arcádia ou para a natureza, à maneira de Owen ou Fourier. A cidade-rede permite conectar as partes da metrópole, equilibrá-las e pacificá-las. A cidade-corpo descrita por Charles Duveyrier em *La ville nouvelle* (1832), a Paris projetada como um imenso corpo humano estendido retoma a ideia do saint-simoniano Prosper Enfantin, "que se preparou para projetar a cidade do futuro com a ajuda de tabelas anatômicas".[6]

A CIDADE-LABIRINTO

> O aspecto mais oculto das grandes cidades: a metrópole, o novo objeto histórico com suas estradas uniformes e suas intermináveis filas de casas, encarna as arquiteturas oníricas da velha cidade, os labirintos. O homem das multidões. O impulso que faz das

---

[6] W. Benjamin, *I "passages" di Parigi*, vol. 1 (Turim: Einaudi, 2002), p. 445.

grandes cidades um labirinto. A perfeita realização do sonho: os corredores cobertos das passagens.⁷

A rede assume também outro significado, simbólico e mítico, na forma do labirinto. Não apenas técnica racional de engenharia, mas também "cidade de sonho". Sonho da coletividade, um sujeito coletivo que apenas na cidade pode existir sob a forma da multidão e que vive, inventa e experimenta na rua e entre os muros dos edifícios, como fazem os indivíduos entre as quatro paredes de uma casa. Casas de sonho da coletividade: passagens, jardins de inverno, panoramas, fábricas, museus de cera, cassinos, estações.⁸ Para a coletividade, as obras arquitetônicas, as modas, os edifícios e a publicidade são algo interior, como para o indivíduo os processos são orgânicos e naturais. Benjamin prossegue:

> O que a metrópole da era moderna fez da antiga concepção do labirinto? Elevou-a ao nível da linguagem, mediante os nomes daquela rede de estradas em que esta (?) denominou (?) pela linguagem (?).

Rede de estradas, pois, mas também rede subterrânea, metropolitana, composta por corredores labirínticos.

O que antes era consentido apenas a pouquíssimas palavras – a uma casta privilegiada de palavras –

---

⁷ *Ibid.*, vol. II, p. 915.
⁸ *Ibid.*, vol. I, p. 454.

a cidade possibilitou a todas, ou pelo menos a um grande número, serem alçadas à categoria de nomes. Essa grande revolução da linguagem foi efetuada daquilo que há de mais comum, a estrada.

A cidade contemporânea de Le Corbusier (1922) voltou a se transformar num complexo residencial ao longo da estrada. Como na cidade burguesa do século XIX, mas com uma grande modificação: o mundo social saiu do interior burguês e se projetou nos fluxos dos tráficos metropolitanos. A rua e a casa são agora semelhantes: *livres e flexíveis, transparentes, o ar as atravessa, caem as divisões entre o interior e o exterior.*[9] Rua e moradia interpenetraram-se completamente.

A cidade contemporânea de Le Corbusier, concebida para 3 milhões de habitantes, encontra na estrada sua verdadeira cifra. É ela a solução para o colapso cardíaco da cidade. O arquiteto urbanista atua no corpo doente da metrópole, cuja doença é o congestionamento. Diagramas precisos mostram o aumento do tráfego de pessoas e de mercadorias. O plano da cidade deve reposicionar os seus eixos e desenhar centros múltiplos que a façam respirar. O centro permanece: as grandes rodovias nas quais a cidade se reorganiza entram naquela que é uma enorme praça retangular, enquanto uma estação central

---

[9] Tanto Benjamin quanto Le Corbusier citam Giedion, e Benjamin cita frequentemente Le Corbusier. Nesses diálogos, os termos referidos no texto são quase intercambiáveis.

e uma plataforma para o tráfego aéreo na vizinhança dos arranha-céus organizam a mobilidade junto à enorme praça, jardins e parques, cafés e museus, universidades e edifícios públicos. À esquerda, um jardim à inglesa, à direita, distritos industriais em comunicação direta com grandes rodovias.

A REDE DOS FLUXOS

Entre os fluxos ocorre um ir e vir de entidades em circulação. Em primeiro plano, não está mais a eterna alternativa entre a estrutura e o sujeito, e sim os *fluxos* de condutas, *circuitos* que fornecem aos atores os instrumentos necessários para interpretar dada situação. Dessa forma, podemos tentar escapar da dicotomia interno-externo.

Sublinhando a importância dos sítios "locais" nos quais são elaboradas as estruturas ditas "globais", Bruno Latour[10] oferece uma contribuição não só à sociologia da ciência, mas também ao conjunto das disciplinas da representação. Todo o mundo social é, de fato, modificado. Não existem mais local e global. Macro não designa mais um sítio maior ou mais vasto no qual os níveis micro se encaixam – como uma série de bonecas russas, as matrioshkas –, mas outro lugar, também micro, também local, conectado a outros. A escala (micro, macro, meso),

---

[10] B. Latour, *Changer de société. Refaire de la sociologie* (Paris: La Decouverte, 2006), cap. III.

em vez de ser configurada antes, é definida depois pelos atores que vagueiam, se posicionam e se contextualizam reciprocamente graças ao transporte de traços específicos em veículos específicos.

Latour propõe desmontar e remontar o social, seguindo três etapas.

Primeira etapa: localizar o global. O global não é outro nível, é *patterned ground*, um terreno modelado onde se formam emaranhados, pré-formado por sítios, momentos, atores. Como acontece no teatro, numa arena na qual se desenvolve nossa ação em dado momento: uma pessoa, trazendo outras coisas montou-o e tornou-o possível.

Segunda etapa: redistribuir o local. Os sítios do global e do local são feitos por um ir e vir de "entes" em circulação. Por isso, em vez de partir do local, devemos partir, de preferência, da circulação entre os lugares.

Terceira etapa: conectar os sítios entre os quais os fluxos de conduta formam circuitos, fornecendo aos atores os instrumentos para interpretar a situação e adaptar-se.[11]

As faculdades cognitivas não estão mais em nós nem emergem de um "contexto" qualquer, mas são propagadas no ambiente formatado mediante *patches* e *plug-in*, conexões semelhantes às da informática. Os objetos, os modos de existência, os conteúdos e os *attachments*, e

---

[11] Sob essa perspectiva, os atores dão sentido às próprias ações somente por meio das conexões e encontros, talvez, em analogia com o *sense making* de K. Weick.

os mediadores (esta palavra retorna continuamente) são entidades, seres, objetos, coisas, regimes de enunciação que formam coletivos. A sociedade não é aquele grande conjunto[12] no qual todo o resto está inserido, mas aquilo que viaja através de todo o restante (a ideia do trânsito, já presente nas arquiteturas de Benjamin), calibrando as conexões e oferecendo às entidades que encontra uma oportunidade de mensuração, de comensurabilidade.

Na topografia reticular e plana desenhada por Latour, o social circula em suas próprias cadeias metrológicas. Afirma-se uma nova metáfora horizontal dos fluxos circulantes, uma realidade há muito escondida daquela das estruturas hierárquicas encaixadas umas nas outras.[13]

E o que está de fora, o que não está conectado pela rede? Latour o chama de plasma (palavra já incorporada ao léxico urbano). Plasma é, por exemplo, a população antes de ser transformada em cifras pela estatística do Estado-nação, como mostrou Foucault. É um vasto plano de fundo que fornece os recursos necessários ao cumprimento de qualquer ação, uma matéria fluida e desconhecida.

Uma nova sociologia das associações pode então iniciar a exploração desse mundo ainda a ser descoberto.

---

[12] A poetisa Wislawa Szymborska escreveu: "Toda palavra insolente e inchada de orgulho deveria ser escrita entre aspas. Finge nada omitir, concentrar, incluir, conter e possuir. Porém é apenas um retalho de tempestade". W. Szymborska, *Attimo* (Milão: Scheiwiller, 2004), p. 87.
[13] P. Veltz, *Mondialisation, villes et territoires. L'economie d'archipel* (Paris: PUF, 2005), p. 69.

Convergência, coletivo, mundo comum são termos que se repetem em autores bem diversos para definir um cosmos que não é dado, mas que deve ser reconstruído. Cosmos no qual as situações são conglomeradas, e redes de atores são configuradas umas com as outras. E no qual as sociedades são dimensões que exigem espaço, sejam comunidades horizontais ou nações verticais, redes de internet ou redes infraestruturais, arquiteturas artificiais que simulam a biologia.[14]

A cidade é aqui similar à biologia dos corpos e se afasta da racionalidade do padrão modernista. Mais exatamente, parece vir ao encontro da sinuosidade futurista da arquitetura, da ideia de velocidade e das linhas elípticas e diagonais que melhor exprimem o caráter dinâmico e plástico da Cidade Nova.[15]

CIDADE SEM ALICERCE

A metáfora da rede já quase substituiu aquela do solo como alicerce sobre os quais edificar. No entanto, a arquitetura e o urbanismo não tiraram ainda todas as consequências dela, talvez não tenham até agora elaborado um estatuto epistemológico adequado. A racionalidade urbanístico-arquitetônica parece ainda remontar à física de Descartes, o qual de fato "visualizou a ciência tornada

---

[14] P. Sloterdijk, *Ecumes. Sphères III* (Paris: Maren Sell, 2005).
[15] O manifesto de A. Sant'Elia (1914) é considerado o documento máximo dessa tendência. Ver T. van Doesburg, *On European Architecture* (Basileia/Berlim/Boston: Birkhäuser Verlag, 1990), pp. 226ss.

possível por seu 'método' segundo o modelo de um urbanismo racional".[16] Isso significava que o que tinha sido construído antes (como a sinuosa e retorcida cidade medieval) deveria ser demolido ao solo, para torná-lo edificável de acordo com as regras. A metáfora construtiva foi útil a Descartes na fundamentação do "[eu] penso", e a ideia de cidade reconstruída *ex-novo* após um incêndio (como o será a Lisboa pombalina do século XVIII) exprime o sentido do fundamento racional sobre o qual o pensamento edifica as suas construções. O "[eu] penso" e a cidade planejada funcionam da mesma maneira, alicerçam-se no mesmo solo.

Mas essa pretensão racional-normativa, tanto no pensamento como na cidade, choca-se com a crise do sistema piramidal do início do século XX. A descoberta de que o fundamento não é (mais) dado atravessa a cultura científica, de Musil ao Círculo de Viena. Ao fundamento, à busca da rocha que está *antes* de qualquer construção, substitui-se a consciência de uma conexão dos conhecimentos em redes, desprovidos de alicerces. "A metáfora das 'redes', que estava ainda bem distante do ápice de seu próprio sucesso, de fato, deixava compreender metaforicamente uma coisa: era necessário, às redes, um meio no qual suspendê-las e não mais um solo."[17]

---

[16] H. Blumenberg, *L'ansia si specchia sul fondo* (Bolonha: Il Mulino, 1989), p. 87.
[17] *Ibid.*, p. 88.

OBJETOS SEM TECIDO

A resposta pós-moderna ignora o problema do alicerce, da racionalidade e das redes, limitando-se a dispersar objetos pelo solo.

Muitos objetos, pouca base: eis o problema da cidade contemporânea para Von Meiss.[18] A arquitetura enche de objetos o território urbano sem se preocupar com sua coerência ou perspectiva, enquanto se enfraquece o tecido urbano, aquela densa rede que fornece significados e direções à nossa ação, à nossa própria mobilidade.

Seria preciso, em vez disso, interrogar-se, também a respeito da arquitetura, sobre *quais objetos são pertinentes a que tipos de tecidos*: um esforço analítico para ser compartilhado com sociólogos, filósofos, urbanistas e economistas para reconstruir as melhores condições de *design* urbano. *Design* não só como projeto físico, mas como atenta análise do contexto (isto é, do tecido), individualização do capital social e relacional, das populações de usuários e de suas diversas possíveis configurações. Planejamento que esteja atento às estruturas e ainda mais aos fluxos, que identifique as relações com os outros (objetos, áreas de tráfego, paisagens naturais, densidades sociais), como missão própria e específica.

Impressiona a transformação urbana de Barcelona como exemplo de um planejamento pertinente dessa natureza, onde desenho urbano e desenho institucional

---

[18] P. von Meiss, *Dalla forma al luogo* (Milão: Hoepli, 1992).

foram interligados naquela ditosa temporada que se seguiu ao retorno da Espanha à democracia. Arquitetura e governo urbano aliaram-se, produzindo uma para o outro projetos e molduras a serem formatados. Escolas de arquitetura, planejamento estratégico e municipalismo construíram redes de relações densas e estáveis. Os atores privados, embora sempre por interesse próprio, foram redirecionados a um jogo cooperativo. A forma da cidade se modificou: a abertura ao mar, os novos eixos urbanos e as novas centralidades, as infraestruturas para a mobilidade, a região metropolitana, são todas realizações das duas últimas décadas. A atenção à sustentabilidade e à construção social caracterizou as escolhas urbanísticas, e a cidade apresenta-se menos polarizada socialmente e mais atenta aos recursos ambientais do que muitas metrópoles europeias. O tecido urbano foi reparado, e a expansão está mais direcionada à qualidade do que à quantidade. A cidade reflete a respeito de si mesma mediante instrumentos de análise, monitoramento e planejamento contínuo: o plano estratégico de Barcelona impressiona pela continuidade no tempo, pelo número de atores envolvidos, a fixação dos objetivos e a individualização das etapas.

No polo oposto, situa-se hoje Milão, metrópole que acumula objetos sem tecido. Embora o número de projetos de construção retomados pela cidade seja significativo, e embora seu peso econômico seja forte nas finanças, na moda e no *design*, tudo isso não é inserido em qualquer desenho. A cidade não pensa nem predispõe sedes de reflexão, a sociedade é barrada e as escassas oportunidades de renovação são entregues a iniciativas individuais e desconexas (a nova feira e o aeroporto sem conexões adequadas, os arranha-céus de "grandes nomes", a Expo 2015). Enquanto isso, Londres prepara-se para colher os frutos de um plano estratégico que a coloca no primeiro lugar entre as cidades globais, que a densifica e recupera zonas degradadas, melhora a qualidade ambiental (água, emissões, tráfego) tornando-a uma *green capital*.

CIDADES VIRTUAIS

No final do século XX, a aceleração do pensamento técnico chegou à visão da cidade totalmente desmaterializada, a "cidade dos *bits*". A rede técnica enfim transformou em pensável o impensável: fazer a cidade "desaparecer", deixando-a supérflua e tornando virtuais todas as transações (de mercado, relacionais e até expressivas) no antiespaço do substituto eletrônico. O espaço se transformaria num mero "incidente de percurso", como mencionou P. Mello.

Uma visão que foi, como já visto, preparada durante longo tempo: do saint-simonismo globalizante à utopia da aldeia global de McLuhan. Mas é a internet, tecnologia do espírito contemporâneo, que concretiza o paradoxo de uma sociedade Frankenstein na qual o produto cria o produtor que a criou, como disse Sfez.

A rede, segundo William Mitchell,[19] é no momento o sítio urbano que nos enfrenta. Será uma cidade desarraigada de qualquer ponto definido sobre a superfície da terra, configurada pelas limitações da conectividade e pela amplitude da banda, mais do que pela acessibilidade e pelo valor posicional das propriedades, amplamente assíncrona em seu funcionamento, habitada por sujeitos incorpóreos e fragmentários. Seus lugares serão construídos virtualmente pelo *software* e não mais fisiologicamente por pedra ou madeira. Esses lugares serão coligados por vínculos lógicos no lugar de portas, passagens e estradas.

Que forma daremos à cidade dos *bits*? Quem será o nosso Hipódamo de Mileto? É o que se pergunta o arquiteto urbanista do Massachusetts Institute of Technology (MIT).

Mitchell não desenvolve analiticamente as consequências a serem extraídas, ele parece não perceber que assim acaba a economia urbana da renda fundiária, substituída pela economia da informação, que os direitos de propriedade do Estado moderno se liquefazem no direito do acesso e no *copyright* informático, e que talvez acabe a civilização urbana baseada na interação comunicativa e nos espaços que a têm acompanhado.

Por outro lado, Mitchell vê claramente as consequências políticas de seu discurso. A nova tarefa do urbanista não é mais projetar edifícios, estradas e espaços públicos

---

[19] W. J. Mitchell, *La città dei bits. Spazi, luoghi e autostrade informatiche* (Milão: Electa, 1997).

para satisfazer as necessidades e as aspirações da *civitas*, e sim criar códigos computadorizados e *softwares* capazes de criar lugares virtuais e conexões eletrônicas. Quem age, quem paga, como as comunidades deverão definir suas fronteiras? Como manterão as suas normas dentro dessas fronteiras? Essas perguntas poderiam ser feitas a um Aristóteles *on-line*, a quem redigirá a constituição da cidade dos *bits* que irá substituir a nossa *politeia*. Quais são as formas legítimas do poder? Como poderá ser construído o discurso político?

A perfeita utopia da planificação, no momento, não tem resposta para essas questões, nem se compreende como os lugares programáveis do antiespaço[20] poderão realizar "contratos" com os lugares, e até mesmo com os não lugares, que não sejam portas eletrônicas ou conexões informatizadas.

A cidade perde forma. Se a realidade é somente a passagem de uma forma a outra – o movimento –, e a forma nada mais é que um "instantâneo tirado durante uma transição",[21] então a cidade virtual se sobrepõe perfeitamente à cidade real. A ideia de Bergson de que a forma não existe, pois a realidade está em movimento, e que o "móvel" não seja inteligível pela ciência, mas apenas a "mobilidade" o seja, lança luz sobre como a cidade concebida como corpo vivo é uma perene sucessão de imagens, um mecanismo cinematográfico do pensamento.

---

[20] P. Mello, *Mertamorfosi dello spazio* (Turim: Bollati Boringhieri, 2002).
[21] Bergson, *L'evoluzione creatrice* (Milão: Cortina, 2002), p. 247.

REDE

A CIDADE DAS REDES

É, portanto, a cidade virtual que se desarticula e se desacelera por meio da rede técnica que o conjunto dos processos da modernidade preparou, tornando não essenciais os lugares, no sentido sociológico e simbólico do termo, e os próprios espaços? Na informação que circula nas redes técnicas e nas imagens que chegam a nossas televisões, ou indiferentemente remotas, exercita-se, observa Augé, um poder que excede largamente a informação objetiva. Ora, esse poder que não tem uma personalidade ou uma localização (nem mesmo na hipótese de um "império") expressa plenamente o domínio da técnica, indiferente e desprovida de finalidade. As imagens que se sobrepõem e convergem (informações, publicidade, ficção) compõem sob nossos olhos um universo relativamente homogêneo, a despeito de sua diversidade. O poder está nos fluxos que se articulam pelos *hubs* e nós da rede.

Os não lugares que Augé nos apresenta em sua ambiguidade, sejam estes as instalações necessárias à apressada circulação de pessoas e dos bens no planeta ou até mesmo os próprios meios de transporte, são ao mesmo tempo o recipiente e o conteúdo da informação. Essa visão tem o mérito de mostrar, em relação à cidade desmaterializada da banda larga, uma plena materialidade dos espaços e dos indivíduos. Ambos, porém, acabaram perdendo o significado e a sedução dos lugares.

Nesses, a plena rapidez da informação coincide com a radical perda da comunicação.

Voltemos, então, às questões colocadas por Mitchell que exigem uma reflexão sobre as formas de governo e que podem ser reformuladas no modo que se segue.

É possível uma forma de governo da cidade baseada na interação e na conexão, como nas redes. Essa forma, que chamamos governança para marcar a distância do velho modelo de governo, é algo que buscamos mesmo que não se conheça seu exato perfil. Certamente, sentimos sua necessidade, e a cidade, em primeiro lugar, sente sua falta. A cidade, ou melhor dizendo, esses novos amálgamas que se difundiram como constelações ao redor do planeta, esperam ser representados e assumir uma forma política.

Foram principalmente estudiosos como Castells, Sassen, Scott e Veltz que definiram a questão. Denominando-a cidades-regiões globais, esses autores buscam dar um nome àquelas áreas pós-metropolitanas desprovidas de nome, cultura e instituições que desafiam o modo tradicional de compreender a responsabilidade política, a participação e a própria administração. A resposta *glocal* busca superar a oposição entre economia e técnica *universais* e política e identidades *locais*, oposição comumente simplificada e banalizada.

De fato, o atual predomínio das formas reticulares na formação de uma economia-arquipélago feita de "ilhas" que também são "nós" e de empresas-rede globais que se movem no espaço dos fluxos representa um desafio para a política. Por trás do desafio da economia, está a técnica racional, força potencialmente ilimitada e a essa altura plenamente autorreferencial. Atualmente, a tríade ecônomico-técnico-político deve ser totalmente repensada. Dessa forma, é preciso reformular a pergunta clássica para "como é possível a sociedade na era das redes?". Uma época na qual se impõe, em vez de inovações individuais – embora radicais –, um novo paradigma técnico e econômico com a pretensão de unificar o mundo (*cosmópolis*). Isso é feito exasperando o processo de racionalização, mas sem nenhuma visão de finalidade que não seja a própria expansão e a superação de qualquer vínculo. E que, ao mesmo tempo, modifica a forma da interação recíproca, a relação eu-outro, na forma da rede.

A rede redesenha o espaço, modifica o estar-junto, reescrevendo os limites da sociedade até transformar em equivalentes o pertencimento e a ausência locais. E, ainda, aumenta a diferença pelo vizinho no espaço e reforça a relação com o espacialmente remoto. Por isso, o espaço não é mais a possibilidade do estar junto.

Interveio a rede, o operador espaçotemporal que coliga campos heterogêneos, nos quais os atores entram e saem não por meio de situações preestabelecidas, mas somente por uma ação momentânea.

Porém, quanto mais a técnica fortalece o elemento coletivo, mais o indivíduo reivindica seus direitos. A técnica envolve o homem o menos possível. A arbitragem entre a força coletiva da técnica e o indivíduo não pertence à economia, ela permanece um problema da política e pertence à esfera do governo.

Na época de sua suposta extinção, a cidade volta ao jogo pois é vista como o lugar no qual a civilização técnica e o indivíduo moderno se encontram. O núcleo desse encontro é *glocal*, entre fenômenos sociais macroscópicos e a irreprimível dimensão individual da sociedade. A cidade é o comutador que integra conhecimento e técnica globais a contextos de ação locais, o dispositivo que conecta interação direta e a distância.

Esse núcleo, representado pela cidade, volta ao centro da cena da governança justamente no momento em que o ator principal, o Estado nacional que ocupou durante muito tempo essa cena, move-se com grande dificuldade.[22] O Estado nacional foi obrigado a se reestruturar tornando-se rede (e que oximoro!), deixando amplas margens de jogo, e, ao mesmo tempo, exercendo maiores pressões sobre as cidades. Na definição de Castells, esse *network state* abrange instituições supranacionais que expressam a interação entre os estados, Estados nacionais "enfraquecidos", entidades regionais e locais, organizações não governamentais. A passagem ao estado-rede exprime a ideia de que o governo, entendido como autoridade hierárquica, está abandonando o campo à governança, que é auto-organização e gestão "dialógica" de complexas

---

[22] A. Bagnasco, *Prima lezione di sociologia* (Roma/Bari: Laterza, 2007). Nesse livro, o autor abordou muito bem esse tema neoweberiano.

redes de linguagens, interesses e atores, na tentativa de representá-los.

A cidade dos *bits* se deteve diante dessa dimensão, já que acredita possuir no domínio técnico o "tradutor universal" das linguagens. Ao contrário, toda linguagem remonta a um texto, e todo texto remete a um processo de individuação: a governança não é uma linguagem padrão – como poderia pensar o modernismo –, mas uma pluralidade interdiscursiva. A cidade dos *bits* não resiste à prova da desconstrução, que exprime a complexidade polissêmica do mundo.

Porém, o clássico discurso político-institucional também deve ser repensado. É preciso redefinir o conceito de espaço público, que consiga captar a conexão entre os espaços físicos e os espaços dos fluxos. É preciso individualizar o espaço público como dispositivo de comunicação básico, capaz de reconhecer as novas práticas sociais além das fronteiras institucionais.

Uma reconceitualização radical do conceito de local fundamenta essa "cidade das redes".

Por um lado, há o local, não mais limitado, mas ele próprio sem fronteiras definidas. Simmel, escrevendo que o âmbito de importância de uma cidade dentro de um Estado não acaba em sua fronteira geográfica, mas se estende e se expande sobre o próprio estado que a inclui, havia intuído essa direção. Atualmente, essa expansão ocorre não só sobre o Estado que a engloba, mas sobre o mundo inteiro.

Do outro, está um local que rima com "rival". Ideia que remonta a Tocqueville, que vê em ação duas sociedades distintas e encastoadas, dois governos separados e quase independentes, federal e estatal, na democracia norte-americana. Tal visão antecipa o conceito de governança multinível.

Historicamente, Estado representa a dimensão descendente do poder, e a rede, a dimensão ascendente. Um longo confronto no qual a rede reaparece como um "paradigma submerso" jamais totalmente expulso, capaz de se afirmar nos modelos associativos (como no federalismo norte-americano) e nos dissociativos (como o federalismo alemão).

Atualmente, rejeitamos a dupla local-rival como federalismo competitivo, como territórios que cooperam e competem, essencialmente cidades-regiões globais e redes de cidades. Mesmo aqui há dois modelos que se opõem: nos velhos Estados europeus, cujos centros de autoridades locais foram suprimidos na história moderna, ressurgem fortes pressões regionalistas e localistas, em contraste permanente com as tendências residuais de recentralização estatal. Nas novas nações, primeiro nos Estados Unidos, onde a formação do Estado ocorreu mediante uma agregação progressiva e prolongada, o tecido é predisposto à flexibilidade institucional dos inúmeros governos locais, mesmo assim, as tensões entre essas esferas estão aumentando.

No entanto, também na Europa, um novo fenômeno está se desenvolvendo: redes translocais, ações comuns de cidades e de regiões europeias começam a representar o que podemos chamar "territórios em ação". Trata-se de redes de atores, tanto multilocalizados como locais, direcionados à produção conjunta de bens públicos e coletivos locais. Governanças, precisamente, "cidades das redes" em diversos níveis e planos, fruto da simultânea devolução de poderes estatais para cima e para baixo, e de um apoio, embora ambíguo, da União Europeia.

A técnica não dificulta e, até mesmo, favorece essas "cidades das redes". Desprovida de finalidade, indiferente a qualquer objetivo que não seja seu próprio e autônomo desdobramento, no fundo a rede técnica está "à disposição". Não apenas de um ilimitado desenvolvimento do capitalismo, como também de uma sábia utilização das potencialidades da rede por parte de sistemas auto-organizados de cidades, distritos, regiões e suas variáveis combinações.

E assim uma nova "geopolítica territorial" está sendo escrita, e não apenas no nível global. Em parte, ela reconecta os fios da antiga rede europeia das cidades, mas não significa o retorno às cidades-Estado do passado. A circulação aérea de Braudel é atualmente de fluxos, em grande parte desconhecidos pela velha Europa, não apenas fluxos de capital e finanças, mas conhecimento e cultura, fluxos lógicos e migratórios. Um novo mapa de sistemas de rede "sem fronteiras precisas" tende a sobrepor-se ao velho mapa dos estados "territoriais". As modalidades de ação das novas "cidades das redes" são muito diversas em relação àquelas dos Estados; em vez de leis e normas, produzem "visões" e projetos, em vez de pressionar pelo controle exclusivo das fronteiras, defendem sua sistemática superação. Ainda assim, o fechamento localista sustentado pelos Estados permanece sempre como um horizonte possível em resposta aos fluxos migratórios.

Observando a cidade europeia, assistimos a um duplo movimento. De um lado, a cidade se "recentraliza", recorda o seu centro e o faz reviver. Todas as pesquisas recentes confirmam: são funções diretivas da economia e das finanças, das instalações culturais ou do poder que estão transferindo para o centro funções estratégicas e população (na maioria das vezes, periurbana). Confirma-se a ideia de Mumford de que a cidade moderna, não obstante todo o vidro e o aço, seja ainda fundamentalmente uma estrutura da idade da pedra. Do outro ela "escapa" das fronteiras: todo projeto de cidade comporta novas fronteiras, cada vez menos traçadas fisicamente, mas resultantes da intersecção de fluxos, tanto materiais como imateriais, segundo uma visão muito próxima à cidade "invisível" mencionada pelo próprio Mumford.

Esse duplo movimento da cidade das redes é também perfeitamente compatível com a técnica que descentraliza e ao mesmo tempo recentraliza, sem que uma tendência oponha-se a outra.

Porém, o mesmo desenvolvimento sancionador de funções totalmente iguais e da mesma forma indiferentes nos centros das cidades e nas grandes periferias anônimas, que Mumford denominava anticidades, é perfeitamente compatível com a técnica. A técnica parece à disposição tanto de uma como de outra perspectiva. Espaço, pois, ao projeto.

A CIDADE POR PROJETOS

Para entrar na "cidade por projetos" é preciso seguir um percurso que conduzirá ao longo de uma ideal galeria de cidades, cada uma correspondente a uma ordem social diversa. Ordem aqui significa forma, "ordem moral" que dá forma à matéria bruta da sociedade.

A cidade assim entendida está no centro de um importante filão teórico da sociologia. Este aponta para uma explicação da ação social que possa remontar desde a conduta dos agentes à "justificação" de tal conduta, e daí aos princípios gerais que a orientam. É um modelo de três níveis:

1º nível: ações individuais ou associadas;

2º nível: justificação pública de tais ações mediante dispositivos adequados às condições específicas;

3º nível: remonta aos princípios gerais (crescimento, desenvolvimento, democracia) nos quais se inscrevem os dois primeiros níveis.

O conceito de "justificação", empregado no texto de Luc Boltanski e Laurent Thévenot e que inaugura esse filão,[23] é central. A categoria da justificação é essencialmente moral e não só jurídica, ou melhor, a justificação evoca uma visão moral da ação própria à filosofia moral clássica, pelo menos até Adam Smith. O pai da economia política moderna não só foi o autor de uma *Teoria dos sentimentos morais*, como também das *Lectures on Jurisprudence* (em 1762 e durante alguns anos posteriores),[24] nas quais a jurisprudência é definida "a teoria das regras pelas quais os governos civis deveriam ser guiados".

Nas *Lectures on Jurisprudence* de 1766, Smith desenvolve uma teoria do contrato que fundamenta as posteriores teorias das convenções. Nela, alega-se que a violação do contrato não diz respeito apenas ao relacionamento entre os dois contraentes, mas fere e também provoca o ressentimento do espectador. Surge aqui aquele espectador imparcial que estará no centro da *Teoria dos sentimentos morais* de Smith. De fato,

> observa-se que nossa primeira aprovação de uma sanção não está em relação à utilidade pública que comumente considera-se ser o fundamento da mesma. Nossa simpatia em relação ao ressentimento do ofendido é o verdadeiro princípio.[25]

---

[23] L. Boltanski e L. Thévenot, *De la giustification. Les économies de la grandeur* (Paris: Metaillé, 1991).
[24] A. Smith, *Lectures on Jurisprudence*, R. L. Meek, D. D. Raphael e P. G. Stein (orgs.) (Indianápolis: Libertary Fund, 1982).
[25] *Ibid.*, p. 475.

A justificação encontra aqui sua primeira raiz. Na vida civil, quando uma ação que tem consequências negativas sobre outros é exercida, e estes reagem e denunciam a injustiça sofrida, há o dever de justificar o próprio comportamento. Isso lesa não apenas o direto interessado como também o espectador imparcial, o "terceiro", ou seja, a sociedade.

O trabalho de Boltanski e Thévenot sobre a denúncia e a justificação pública apresenta uma lição de sociologia moral de grande interesse. O material acumulado que dá suporte à sua teoria é, em primeiro lugar, de tipo teórico: trata-se do modelo das *cités*, ordens morais nas quais se exercita a justificação e se desenvolve o relacionamento social.

Outra categoria-chave, junto à justificação, é a "grandeza".[26] Entendida, naturalmente, como categoria moral, não expressa uma dimensão física e sim uma medida moral das pessoas.

Também nesse caso o antepassado é ilustre. Thomas Hobbes, no *Leviatã*, afirma que a grandeza do indivíduo é estimada pela honra pública que lhe é tributada.

> O valor de um homem, tal como o de todas as outras coisas, é seu preço – isto é, tanto quanto seria dado pelo uso de seu poder –, portanto, não absoluto, mas algo que depende da necessidade e julga-

---

[26] L. Boltanski e L. Thévenot, *Les économies de la grandeur* (Paris: PUF, 1987).

mento de outrem. [...] E tal como em outras coisas, também no homem não é o vendedor, mas o comprador quem determina o preço.[27]

Como mensurar a grandeza e como conectá-la à necessidade de justificação? Em nosso auxílio, surge outro conceito jurídico, embora inclinado ao discurso da filosofia moral, o de "prova". A noção de prova não é usada no sentido determinista (o peso das estruturas) ou culturalista (o domínio das normas interiorizadas). Aqui, ao contrário, a prova enfatiza a incerteza de que, na perspectiva da ação, perpassa as situações da vida social. Incerteza sobre o estado dos seres, das pessoas, sobre sua força respectiva, da qual depende o lugar que ocupam nos dispositivos que enquadram a ação.[28] Existem dois tipos de provas: as provas de força, baseadas na potência do ator, e as provas legítimas, baseadas num juízo sobre a grandeza respectiva das pessoas. Enquanto o atributo de força não tem dimensão moral, o de grandeza, por outro lado, tem e baseia-se não apenas no julgamento sobre a força respectiva dos atores, mas sobre o caráter justo da ordem, revelado pela prova.

Sobre essas bases conceituais é construído um extraordinário modelo de interação social, o modelo das

---

[27] T. Hobbes, *Il leviatano* (Milão: Bompiani, 2001), p. 144. Edição brasileira: T. Hobbes, *Leviatã*, trad. João Paulo Monteiro e Maria Beatriz Nizza da Silva (São Paulo: Martins Fontes, 2003).
[28] L. Boltanski e E. Chiapello, *Le nouvel esprit du capitalisme* (Paris: Gallimard, 1999), p. 73.

cités. Estas são as ordens morais das quais se afirma a legitimidade e que fornecem a moldura no qual se colocam as efetivas relações entre os agentes submetidos ao imperativo da justificação. São formas ideal-típicas que incorporam referencias a modelos muito gerais de convenções dirigidas a um bem comum. *Cités* são cidades no sentido forte da filosofia política. *Cités* em competição, ou seja, de onde se estabelece a legitimidade em relação às demais.

A primeira *cité* que encontramos é a "cidade doméstica", cujo autor clássico é Bossuet, com *La politique tirée des propres paroles de l'écriture sainte*, de 1679. A ordem moral é a da família, transferida à esfera pública. Toda a política até 1600 concebe a "cidade" como um prolongamento da esfera doméstica, como é comprovado em *Livros da família* de Alberti. Mas também doméstica é a esfera particularmente das corporações que vai até 1700. O modelo da cidade doméstica é semelhante àquele que foi denominado por Foucault como modelo pastoral: um pastor dirige a comunidade como um pai dirige a família. Os princípios de autoridade e legitimidade que derivam daí e os relativos regimes de justificação continuam agindo na modernidade em interstícios ou setores da vida social, como, por exemplo, na pequena empresa independente e no artesanato.

A segunda *cité* do modelo é a *cité du renom*, isto é, a cidade da fama, da reputação. A alusão é a Hobbes, especialmente aos capítulos do *Leviatã* dedicados à honra, a uma grandeza mensurada pelo crédito obtido e pelas honras que são recebidas na esfera pública. Trata-se de uma medida que apresenta uma indiscutível modernidade: a linguagem usada por Hobbes para expressar o crédito e a honra das pessoas é comercial e, consequentemente, calcula a honra como valor econômico. Com essa abordagem, Hobbes coloca a lógica da honra na base do Estado, e ainda encontramos traços desse princípio recentemente na esfera social: a lógica da honra nas relações de trabalho, nas relações sociais nas quais o cerimonial da honra mede a grandeza das pessoas na esfera econômica e social, não só na esfera política e civil. As economias reputadas contemporâneas, nas quais a confiabilidade de um produto ou o desempenho de uma empresa não são mensuráveis *ex-ante* a não ser mediante a reputação, tornam o conceito muito significativo.

A terceira *cité* é a "cidade do mercado", definida por Adam Smith em *A riqueza das nações*. A grandeza do mercado é medida, naturalmente, por valores econômicos, utilitários, mas, mesmo aqui, são medidas que não podem, por si só, representar a complexidade do mercado. O mercado não é formado apenas pela dimensão utilitarista, é, em suma, também formada de uma dimensão expressiva, relacional, de conteúdos morais. Isso vale ainda mais na atual época, em que os mercadores de Smith foram sucedidos pelas empresas globais, cuja reputação é medida pela capacidade de desenvolver economias relacionais, de criar relações entre sistemas remotos e diversos, e de sintetizar complexos universos culturalmente distantes. Certamente o mercado é um ótimo selecionador, e os mecanismos por ele elaborados e lubrificados em geral funcionam muito bem, porém existem também falhas do mercado às quais é necessário responder apresentando outros recursos de tipo político, cultural, regulador, etc. Como existem rentistas, agentes *rent seeker*, oportunismo e má utilização de informações, assimetrias, incompletudes contratuais, tudo isso faz com que, na cidade do mercado, se insinuem e se consolidem fatores não econômicos.[29] Daí uma atenção crescente aos mecanismos das condições de confiabilidade por parte dos estudiosos do mercado.

A quarta é a *cité civique* de Rousseau. O filão das comunidades baseadas no contrato social inspira-se nessa *cité*. A Rousseau deve-se o conceito de princípios superiores comuns, ou seja, aqueles princípios que permitem extrair o princípio da equivalência. Este, por sua vez, é usado para medir a grandeza relativa dos atores presentes na cena. Na cidade cívica, é "grande" aquele representante da coletividade capaz de expressar a vontade geral.

O conceito de coletivo na cidade cívica conduz à importância como também à ambiguidade da democracia direta baseada na voz e na assembleia, contraposta à de-

---

[29] G. Akerlof, "The Market for 'Lemons': Quality, Uncertainty and the Market Mechanism", *Quaterly Journal of Economics*, XLVIII, Oxford, 1970.

mocracia representativa e à escritura – um ponto fraco já observado por Derrida –, hoje novamente no centro das reflexões sobre a democracia "discutidora", sobre a democracia deliberativa, sobre a ética do discurso, versões que, provavelmente, são todas oriundas da *cité* de Rousseau. Da mesma forma, todas as medidas da democracia coletiva derivada do Contrato social devem prestar contas, nesse momento, com as críticas emersas sobre a "democracia totalitária'.

Naturalmente, essa não é a única forma de entender o conceito de civismo. Deveria, por exemplo, ser considerado com a definição de *civicness*, usada recentemente por Robert Putnam.

A quinta *cité* é a "cidade industrial" inspirada em Saint Simon. É regida por industriais e estudiosos, nos quais o Estado deve se inspirar: cidade das forças produtivas e dos saberes, guiada pela lógica produtiva e modernizante.

É a cidade da técnica, criada com os "grandes projetos" de Saint Simon e de seus alunos da École Polytecnique, que inauguraram realmente a modernidade. Grandes projetos, como foi dito, que mostram já uma vontade de transformação global, de globalização. Emerge pela primeira vez uma visão da cidade como rede técnica, industrial, que substitui as visões orgânicas anteriores. Uma cidade ditada pela organização dos industriais e dos peritos. Uma rede técnica destinada a cobrir o planeta.

A cidade industrial baseia-se no princípio da eficácia, que mede e justifica cada ação conforme a correspondência entre meios e fins, e na eficiência das soluções. Foi sobre esses fundamentos de racionalidade instrumental que a ordem industrial impôs nos séculos XIX e XX o seu primado sobre outras "ordens morais" concorrentes. Atingida pela crise dos anos 1970, a cidade industrial está se recuperando na metamorfose de nova *cité par projets*, a cidade do mundo flexível das redes que reúnem projetos múltiplos a pessoas autônomas.[30]

Novos problemas originados dessa "cidade por projetos", como a dificuldade de conjugar a liberdade e a autonomia dos autores implicados nos projetos com a representação desses mesmos sujeitos, e ainda mais com a sua representação de tipo coletivo. A "cidade por projetos" é um universo de indivíduos e de minissistemas celulares que se integram e se desfazem, que no final do projeto se desmembram, sem ter certeza sobre seu futuro próximo. As redes e os agrupamentos criados são semelhantes a moléculas sociais, contextos espaço-temporais que capturam átomos mediante interações. As *networks* são espaços sociais de identidade, sem elas a ação social estaria posicionada numa ecologia do espaço biofísico, com ela, as pessoas e outras construções complexas são situadas no espaço social.[31]

---

[30] L. Boltanski e E. Chapello, *Le Nouvel Esprit*, cit., p. 143.
[31] H. C. White, *Identity and Control. A Structural Theory of Social Action* (Princeton: Princeton University Press, 1992).

Deriva daí um estado de permanente incerteza e precariedade, uma situação de assimetria que penaliza especialmente os indivíduos fracos. Mas a cidade para projetos vai mais além, ela reduz as fronteiras entre a esfera do interesse e a do desinteresse, exige dos indivíduos um envolvimento total, incita a uma "mercantilização do humano".[32]

Por outro lado a "cidade por projetos" demanda relações pessoais em vez de relações anônimas de mercado. As redes de atores que compõem o projeto baseiam-se amplamente na confiança, nas relações fiduciárias irredutíveis à lógica do mercado. As leis do mercado veem nas relações pessoal-fiduciárias apenas ocasiões de reduzida transparência e no limite da real e própria deformação do correto funcionamento do mercado. O mundo da cidade por projetos baseia-se também nessa dimensão conectiva, reticular e aberta. As relações entre as pessoas são importantes, mais do que a própria relação com o produto, ou, antes, o produto é amplamente definido por tais relações. Tratando-se de produtos baseados no conhecimento, a cidade por projetos torna inextrincável a natureza com respeito ao tipo de relações entre pessoas que ao mesmo tempo projetam, discutem e concretizam o produto.

Deriva daí que a "cidade por projetos" demanda mecanismos de justificação muito diversos daqueles que

---

[32] L. Boltan e E. Chiapello, *Le nouvel esprit*, cit., p. 574.

regulam a cidade do mercado. O êxito dos projetos no novo mundo conectivo-reticular distingue-se claramente da prova do mercado, no significado da medida das relações de força ou dos relacionamentos legítimos que são colocados num contexto de incerteza. Existe mesmo a possibilidade de que alguns projetos, desaprovados pelo mercado, não sejam, por causa disso, afetados do ponto de vista de sua "grandeza" e reputação, que podem permanecer intactos ou até mesmo acrescidos.

Podemos buscar exemplos no mundo do *no-profit* do planejamento baseado no *open source* no campo das novas tecnologias da informação, dos vários projetos de desenvolvimento sustentável. Nesses casos, o bom resultado econômico do projeto não dimensiona sua real natureza e grandeza: sua força encontra-se, de fato, na multiplicação dos potenciais acessos (como na *open source*), na afirmação de novos padrões de qualidade e de compatibilidade (como nos projetos ambientais sustentáveis) ou na criação de novos recursos de mobilização (como nos projetos de solidariedade do *no-profit*).

Estaríamos diante de uma nova metafísica social, de uma reciclagem de abstrações viventes, como afirmou certa crítica radical? Ou, ao contrário, estaríamos diante de uma teoria que permite o avanço no terreno da compreensão dos mecanismos de regulamentação das sociedades contemporâneas? Tendendo a esta segunda explicação, gostaria de dedicar algumas reflexões de síntese para esclarecer sobre o valor, as questões abertas e os possíveis desenvolvimentos dessa teoria.

A primeira observação diz respeito ao valor dos modelos de "acordo" que se propõem aqui. O objetivo das análises é tratar sobre os diferentes modos nos quais as atividades possam ser justificadas em relação a formas de equivalência capazes de assegurar o acordo.[33]

Ora, a natureza das políticas públicas, da procura do bem comum e das instituições ocupadas em tal procura é de tipo convencional-pactual, muito mais hoje do que durante o longo ciclo do pensamento político ocidental, que começa com Hobbes. As teorias clássicas precisavam construir um fundamento, uma rocha firme sobre a qual construir a imagem da soberania e da autoridade estatal. Atualmente a busca está sustentada na noção de que nenhum fundamento sustenta o edifício político, a não ser a contínua redefinição do acordo e do pacto entre os contraentes, os "portadores de interesses" na sociedade.

No passado, o Estado era visto como titular da redistribuição e do comando; os atores do mercado eram os protagonistas das trocas; a família e outras instituições tradicionais eram titulares da reciprocidade. Por sua vez, nas sociedades contemporâneas cada vez com mais frequência estão se consolidando "híbridos", nos quais o Estado e os atores públicos, em vez de comandarem, entregam-se às formas do mercado, da associação e do

---

[33] Boltanski e Thévenot, *Les économies de la grandeur*, cit., p. III.

entendimento. Assistimos a uma hibridação das formas de regulamentação, e isso não se trata de um fenômeno passageiro. Uma necessidade parece impelir os atores públicos nessa direção: obter desempenhos e rendimentos que garantam sua legitimidade, quando não sua própria sobrevivência.

Por que o Estado adotaria as formas do contrato e da associação como modalidades típicas das políticas públicas, se não fosse obrigado a isso pelas imposições de sua própria sobrevivência?

Poderia ser discutida a difusão de diversas formas de democracia contratual, consensual e deliberativa nas sociedades ocidentais, recorrendo a vários fatores explicativos. Em primeiro lugar, a necessidade de envolver atores que, em caso contrário, podem usar poderes de veto, como as comunidades locais em relação ao poder central. Além disso, a crescente incerteza faz com que se torne oportuno envolver muito mais atores nas decisões públicas do que ocorria no passado, e enfim, a vantagem de coproduzir as políticas públicas com os interessados diretos, os quais, no modelo baseado na autoridade estatal, eram reduzidos a destinatários passivos das políticas, ao passo que se tornaram hoje os verdadeiros parceiros de negociações.

O envolvimento de atores privados e da sociedade civil nas políticas públicas deriva, pois, de fatores estruturais e cognitivos. O poder de veto está, normalmente, à disposição de parceiros de negociações do mesmo nível, como nas organizações internacionais ou nas estratégias de conflitos entre potências. Aqui, ao contrário, o veto é utilizável também pelos atores subordinados da sociedade civil, sinal de um verdadeiro deslizamento do poder ocorrido durante esse período.

Além do mais, a associação dos destinatários das políticas públicas concerne a um perfil de tipo cognitivo. O ator público não sabe, ou sabe cada vez menos, quais serão os efeitos das próprias políticas sobre os vários grupos-objetivo (categorias e interesses, comunidades territoriais, etc.) para os quais são direcionadas. É, pois, de seu interesse associar os usuários finais das políticas, já que destes virão informações e conhecimentos que o produtor das políticas não detém. Trata-se de conhecimentos sobre os efeitos das políticas, mas também sobre suas condições de sucesso cada vez mais ligadas à construção preventiva do contexto.

Alguns confrontaram o novo modelo de planejamento negociado entre instituições centrais e locais e interesses privados com as relações entre empresas e fornecedores na configuração negociada dos novos sistemas produtivos. A novidade na organização das instituições está na passagem de processos burocráticos sequenciais para processos simultâneos com todos os atores. Isso permite acumular conhecimentos e passar a formas de negociação integradora em vez de meramente distributiva. São processos organizativos já consolidados na empresa privada, em processo de difusão no setor público.

Este imita as relações contratuais entre a empresa cliente e fornecedor que são muito abertas, de modo que a participação cruzada permita o entrelaçamento dos processos e, portanto, do monitoramento.[34] Trata-se de uma poliarquia baseada na deliberação direta. Nessa direção, são possíveis experimentos das instituições democráticas que aumentem sua participação e sua eficácia em relação aos modelos burocráticos e representativos do passado.

A segunda observação diz respeito à dimensão das *cités* aqui consideradas. É uma dimensão que aponta para a universalidade, busca "formas de acordo voltadas à universalidade".[35] Todavia, as formas e os membros das *cités*, pessoas suscetíveis de entrarem em acordo, são quase sempre passíveis de serem reconduzidos à relação entre Estado e sociedade civil em sua dimensão nacional clássica.

Ora, os fundamentos estatais e constitucionais são, atualmente, muito mais do que no passado, desafiados e confiados à natureza convencional dos interesses, à construção de convenções pelas quais emergem autonomamente a sociedade civil e os portadores de interesses. Como afirmou Günther Teubner: "Enquanto a constituição deveria limitar-se aos processos políticos, ao mesmo tempo deveria constituir toda a sociedade."[36] A neces-

---

[34] J. Cohen e C. F. Sabel, "Directly-Deliberative Polyarchy", *European Law Journal*, III (4), New Jersey, 1997.
[35] L. Boltanski e L. Thévenot, *Les économies de la grandeur*, cit., p. 39.
[36] G. Teubner, "Societal Constitutionalism: Alternatives to State-centered Constitutional Theory", em *Storrs Lecture 2003-2003* (New Haven: Yale Law School, 2003).

sidade de que a constituição seja política e societária, expressão da esfera especializada da política, e seja ao mesmo tempo deixada à livre autonomia da sociedade, torna ainda mais significativos os conceitos de convenção, de pacto e de contrato.

A natureza convencional desloca-se, atualmente, dos Estados e das sociedades nacionais para instituições e sociedades globais. A transferência do nacional ao global desafia os mecanismos convencionais hodiernos no sentido de que é necessário criar convenções e fazer acordos em escala global. O capitalismo sabe muito bem fazê-lo: seu novo espírito é global, reticular e relacionista. Ele sabe disputar a partida das convenções em nível global bem melhor do que as instituições políticas, embaraçadas pela sua natureza nacional, atrasadas na assunção de uma dimensão global. O capitalismo teve seus globalizadores: as grandes empresas globais, as *law firms* internacionais que disseminam um novo direito privado global, o pensamento gerencial da rede. Agiu para sua própria vantagem, e os efeitos são visíveis. Já as instituições políticas não souberam fazer o mesmo, e nos últimos cinquenta anos quem falou sobre o "Estado global" foram apenas alguns pensadores desatualizados.

Teubner tem razão ao concluir que uma constituição apropriada à sociedade mundial deveria superar a velha distinção Estado-sociedade. Mas como deveria ser: uma constituição que abarca toda a sociedade global? Uma rede de constituições nacionais e transnacionais? Uma constituição legal autônoma? Ou ainda outra coisa?

A ideia de Teubner é abandonar a natureza estado-cêntrica da constituição e efetuar a busca de constitucionalizar sem o Estado. Nessa procura, a sociedade civil, os interesses fundamentais, a parceria público-privado, o privado-social teriam uma base constitucional. Isso significa romper um tabu sobre o qual todo o pensamento político moderno estacionou porque tem pensado sempre em termos de Estado nacional. Por outro lado, *a constitution without a state* representa o desafio, enquanto para o pensamento político é apenas uma utopia. Trata-se, ao contrário, não de uma fórmula abstratamente normativa para um futuro remoto, mas de tendências reais e que podem ser observadas em escala mundial. Tendências sólidas e bem presentes. Basta analisar o mundo das empresas globais, dos sistemas da sociedade civil, das próprias instituições supranacionais para confirmar. A tese final é um novo pluralismo global, não mais apenas de valores ou de instituições, mas de constituições civis. Essa constituição da sociedade global não emerge, porém, apenas nas instituições representativas da política internacional – as quais, aliás, estão em crise –, nem se deve esperar uma constituição global unitária que cubra todas as áreas da sociedade. Ao contrário, ela está emergindo de forma incremental "na constitucionalização de uma multiplicidade de subsistemas autônomos da sociedade mundial".

Seria interessante confrontar a tese da constituição sem Estado com o modelo das *cités*. Talvez nos defrontássemos com uma *cité* posterior, sob a forma de uma "cidade da mundialização"? E essa cidade-mundo poderia erguer-se para afrontar o mundo-cidade que está invadindo o planeta? Mas que mecanismos de justificação, que acordos sobre o bem comum seriam seu objeto? Trata-se de um convite para um futuro trabalho de pesquisa.